本书出版受
省级文物专项资金支持

东方既白

生生不息的红山人

辽宁省文物考古研究院／编著

辽宁人民出版社

图书在版编目（CIP）数据

　　东方既白：生生不息的红山人 / 辽宁省文物考古研
究院编著 . -- 沈阳：辽宁人民出版社，2024.12.
　　ISBN 978-7-205-11408-4

　　Ⅰ . K871.134-49

　　中国国家版本馆 CIP 数据核字第 202478U2N8 号

出版发行：辽宁人民出版社
　　　　　地址：沈阳市和平区十一纬路 25 号　邮编：110003
　　　　　电话：024-23284325（邮　购）　024-23284300（发行部）
　　　　　http://www.lnpph.com.cn
印　　　刷：辽宁一诺广告印务有限公司
幅面尺寸：185mm×260mm
印　　张：13
字　　数：212 千字
出版时间：2024 年 12 月第 1 版
印刷时间：2024 年 12 月第 1 次印刷
责任编辑：高　丹
装帧设计：丁末末
责任校对：吴艳杰
书　　号：ISBN 978-7-205-11408-4

定　　价：80.00 元

序言

红山文化被誉为"中华文明的曙光"。距今6500—5000年的红山人，在他们的沃土上耕作、祭祀、创造，他们留下的玉器、彩陶、祭祀遗址，如同散落在时间长河中的星辰，串联起中华文明最初的记忆。

2023年，辽宁考古博物馆成立，并于2024年底推出科普展"东方既白——我们是生生不息的红山人"，以拟人的方式，用第一人称讲述红山文化。这是一次对红山文化的深情回望与创新诠释。作为这场文化之旅的延伸，辽宁省文物考古研究院编写了《东方既白——生生不息的红山人》，以图文并茂的通俗读物形式，将考古现场的故事、文物背后的思考，以及红山人生活的烟火气编织成一幅生动的文明图景。

从目前的考古发现与研究来看，红山文化晚期已进入古国时代第一阶段。红山文化证实了中国具有五千多年的文明史，对中华文明影响深远，它不仅是礼制文明的源头，也将玉文化根植入东方美学的基因，更见证了中华文明多元一体格局的萌芽。

如何讲述这个重要的考古学文化？书中没有晦涩的术语，而是通过考古工作者们的探寻和认知，还原了一个鲜活的红山人世界，包括红山人的样貌、他们的生活环境、建造的房屋、餐桌上的饮食、他们的手工业技术，以及这些物质文化反映的红山人的社会制度、精神信仰，还有红山人的渊源和他们的文化传承。本书力求在科学性与可读性之间达到平衡。

本书的另一重使命是推开考古学的大门，以红山文化的发现、发掘与研究为视角，向读者展示考古工作的艰辛与浪漫：数万平方公里的徒步调查寻找数千年前红山人的足迹，耐心细致地从尘封的尘埃中细细剥离出古老的遗存，人像复原、稳定同位素分析、遥感与数字化、碳－14测年、动植物遗存分析等技术在考古学中的应用，通过拼合残破的遗存抽丝剥茧复原一个人群和社会……书中的每一组数据，每一段文字，都扎根于考古学的土壤，呈现考古工作者们的剪影，向读者展示考古学如何"破译"历史。

从碎片到文明，从发现未知的惊喜到探索文明的笃信。当您翻开这本书，或许会站在辽宁考古博物馆的展厅里，凝视红山人创造的优秀物质文化，凝思这些文物背后璀璨的文明。考古为您打开一条时空隧道，期待一场您与红山人的会晤。他们与我们同样渴望理解生命的意义，向往着天地间的和谐共生。这本书不仅是知识的传递，更是一场文明的对话——让我们以考古为舟，以想象为帆，驶向中华文明"东方既白"的壮阔黎明。

辽宁省文物考古研究院

2024年12月

目录

足迹

第一章

红山人的足迹

红山文化落下帷幕已有5000年之久，红山人的身影却始终投射在漫长的历史征途中，迎着人类文明的光明，在尘封的往事中，留下熠熠生辉的足迹。让我们回到历史坐标系，蹑踪红山人的足迹，寻找他们曾经存在的证据，驻足他们定格的地方，回溯一段文明光辉的历史。

　　内蒙古自治区赤峰市东北郊的英金河畔有一座红色的山峰，在元朝，蒙古族称它为"乌兰哈达"，汉译为红色的山峰，后人将其称为"红山"。红山人的故事从这里开始。

[　远眺红山　]

红山文化往事

红山文化是我国新石器时代最重要的考古学文化之一，它的发现与研究不仅促进了考古学学科理论的发展，也在全社会引发了有关中华文明起源的大讨论。这支重要的考古学文化，从被发现到成为我国文明史上的瑰宝被人们广泛认知，经历了近100年的漫长时光。

1921年，瑞典地质学家安特生在辽宁锦西（今辽宁省葫芦岛市南票区）调查时，发现了沙锅屯洞穴遗址。安特生按照地质学的发掘原则，发掘了沙锅屯遗址，并分析这是一处新石器时代遗址。后来证实，沙锅屯遗址部分遗存属于红山文化。这一次考古发掘被视作中国现代考古学的开端，红山文化与我们的意外相遇，伴随着中国现代考古学的诞生。

人们有意识地发现红山文化，起源于20世纪初的考古调查。考古学家在内蒙古赤峰地区调查，在地表采集到陶片，这些红色黑彩彩陶片很像中原地区仰韶时代的陶片，人们一度认

[考古学家尹达]

[考古调查发现红山文化遗址地表散落的陶片]

考古学文化

考古学文化是考古学的一个重要概念，是指同一个历史时期、分布在同一个地域范围、由同一群人创造的遗迹、遗物的综合体。考古学通常会用第一个发现的遗址地名来命名，"红山文化"之名来自内蒙古赤峰的"红山"。同一个考古学文化可以有许多不同的遗址，牛河梁遗址、东山嘴遗址、白音长汗遗址、魏家窝铺遗址，都是红山文化的遗址。

为，赤峰红山后附近的遗址与仰韶文化是同一类遗存。随着相似遗存的不断发现，人们渐渐识别到这是本地特有的一种考古学文化，而非中原的仰韶文化。1954年，著名考古学家尹达按照"以首次发现的典型遗址所在地的小地名命名"的考古学文化命名原则，将红山后遗址发现的新石器时代遗存命名为"红山文化"。自此，一场改变人们对文明起源认知的探索开始了。

对红山文化的发现与认识虽然始于20世纪初，但是获得突破性认知却是在20世纪80年代。随着牛河梁遗址的"女神庙"、大型积石冢和三重同心圆祭坛的发现，红山文化考古工作取得了重大突破，庙、祭坛、具有祭祀功能的坟冢，无不说明这个古老的新石器时代考古学文化背后的社会已经具备了文明形态。这些重要发现在获得学术界及社会广泛关注的同时引起了人们对文明起源的思考。原本的文明起源于黄河流域的认识再一次受到冲击，一支北方的古老考古学文化，甚至比中原地区更早进入文明阶段。与此同时，长江流域也发现了早期的文明，中华文明的起源并非单一地来自一个地区、一个群体。著名考古学家苏秉琦提出"红山文化坛庙冢，中华文明一象征"，红山文化成为中华文明起源满天星斗中最耀眼的一颗，牛河梁遗址也由此成为实证中华五千年文明的考古圣地。

进入21世纪，红山文化考古工作欣欣向荣，并取得丰硕的成果。辽宁省、内蒙古自治区、河北省持续开展红山文化相关调查，不断廓清红山文化遗存的分布范围，明确红山文化的内涵和发展演变。辽宁省的牛河梁遗址第一地点、半拉山墓地、马鞍桥山，内蒙古自治区的魏家窝铺、兴隆沟、彩陶坡，河北省的郑家沟、东山头等遗址的发掘，不仅提供了大量珍贵的文物资料，还为我们揭示了红山文化的发展脉络及其独特的魅力。70年来，经过几代考古学者孜孜不倦的努力，红山文化的神秘面貌日益清晰起来。

[考古学家苏秉琦]

碳-14测年

碳-14测年技术是考古学中最常见的测年技术。碳-14是碳元素的一种放射性同位素。含碳的有机物活着时可以不断从周边环境中补充碳-14同位素，其含量与环境趋同。有机物死亡后会失去碳交换的能力，其体内的碳-14同位素会随着时间逐渐衰减，半衰期约为5730年，即每经过5730年，有机物中的碳-14减少一半。通过检测有机物遗存中的碳-14的剩余含量，根据半衰期，可以推算出有机物样品的生命体从死亡至今的年龄。

红山文化的时空轴

从20世纪到今天，考古工作者们发掘了很多红山文化遗址。人们对红山文化最初的认识为，它是一个年代与中原地区的仰韶文化相当的新石器时代考古学文化。随着碳-14测年技术在考古学领域的普遍应用，考古学文化的绝对年代也更加精确，牛河梁遗址、东山嘴遗址、兴隆沟遗址等红山文化重要遗址都经过了碳-14测年。结合多个遗址的测年数据，红山文化肇始于距今6500年，消亡在距今5000年，存续时间长达1500年。2023年，河北张家口宣化郑家沟积石冢的测年数据显示其消亡年代要晚于距今4800年，红山文化延续的时间可能更长。

[大凌河流域红山文化调查工作照]

[考古工作者在调查时采集地层土样   ]

[考古工作者在调查时观察记录地层剖面   ]

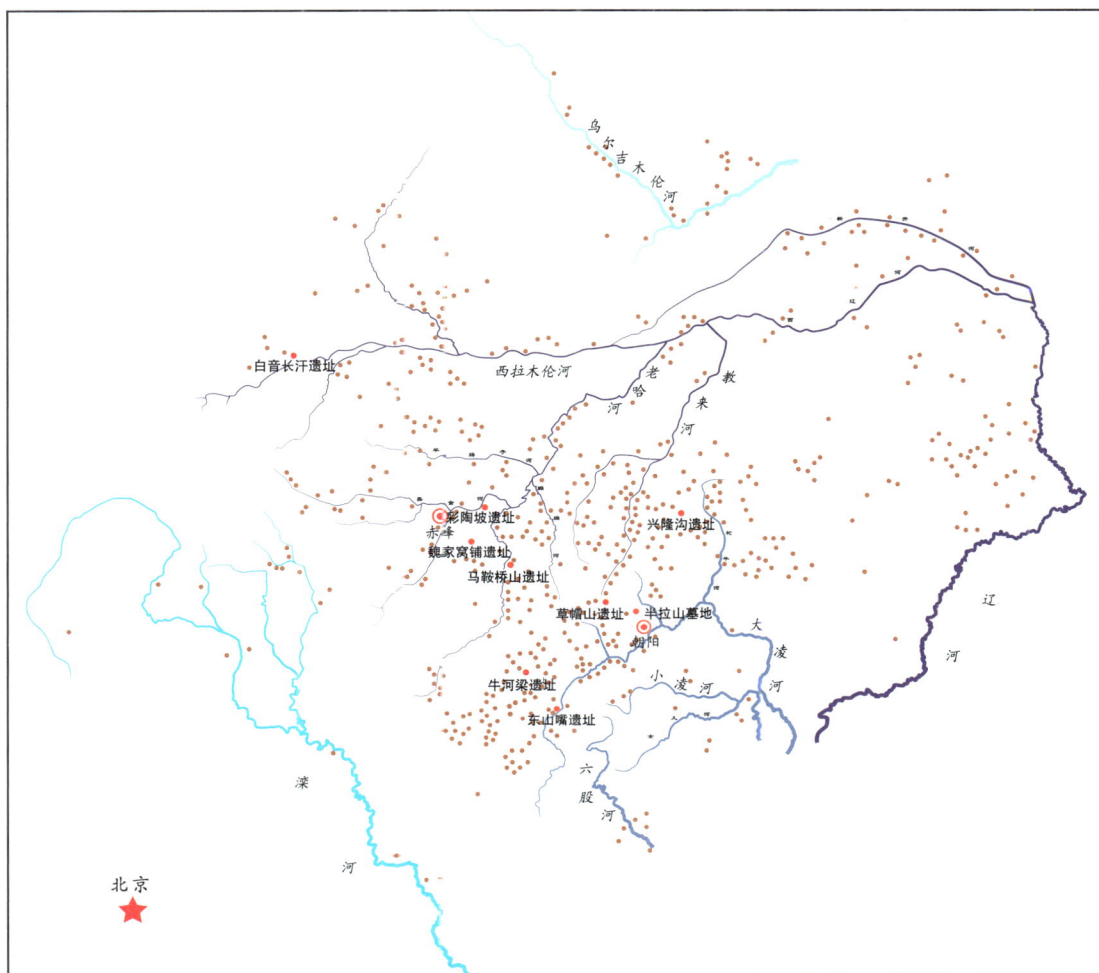

[红山文化遗址分布示意图]

　　为了探寻红山人的足迹，各地的考古工作者们相继开启了浩大的区域性考古调查工作，在红山人可能生活过的地方，沿着每一条河流，细致地进行地毯式调查，每一平方米都不错过。最新考古调查工作成果表明，红山人的活动范围很广，遗址遍布辽宁省西部、内蒙古自治区东部以及河北省北部，主要活动范围达20余万平方公里。其核心区位于西拉木伦河、老哈河、大小凌河流域及努鲁尔虎山一带。向北越过西拉木伦河、向东越过医巫闾山至辽河西岸、南至渤海北岸、西达燕山南麓京津一带，其影响范围可至更西、更南一些的区域。

红山文化的重要遗址

考古学文化是一个包括时间、空间、人群的概念，处于同样时间和空间分布范围内，由同一批人创造的遗存即可被视为同一个考古学文化。作为一个强大的考古学文化，红山文化有很多遗址，重要的有牛河梁遗址、半拉山墓地、马鞍桥山遗址、魏家窝铺遗址、白音长汗遗址、草帽山遗址、郑家沟遗址等。我们将通过红山人留下的这些遗址，复原红山人的世界。

牛河梁遗址位于辽宁省建平县与凌源市交界处，地处大凌河水系的上游地区，努鲁尔虎山东南侧丘陵地带。它是现已发现的规模最大、遗存最丰富、最重要的红山文化遗址群，遗址从东北到西南绵延10余公里，占地总面积达50余平方公里。连绵的山梁上几乎遍布遗址，目前共计发现了67个地点。遗址的年代距今5800—5000年之间，属于红山文化的中晚期。牛河梁遗址发现于1981年，考古工作者们陆续发掘了牛河梁遗址的第一（N1）、二（N2）、三（N3）、四（N4）、五（N5）、十（N10）、十六（N16）等地点。其中第一地点为大型建筑群，其余几个地点都是积石冢，第二、第五地点除了墓冢外，还有祭坛。牛河梁遗址的发现可谓石破天惊，人们对中华文明起源有了新的认识，牛河梁遗址被称为"中华文明的曙光"。

[牛河梁遗址全景]

半拉山墓地位于辽宁省朝阳市龙城区召都巴镇尹杖子村大杖子组东北约600米的半拉山顶部，发现于2009年，2014—2016年连续发掘。遗址是红山人用来祭祀、埋葬的墓地，年代也是红山文化晚期。考古工作者们只发掘了这个遗址的1600平方米的范围，在发掘区域内发现了78座墓葬、1座祭坛和29个祭祀坑。通过发掘我们看到了红山人营建这些遗迹的过程，也更加深入地了解了红山人的社会

[半拉山墓地发掘区全景   ]

[半拉山墓地出土石雕人头像]

习俗和精神信仰。

　　马鞍桥山遗址位于辽宁省朝阳市建平县太平庄镇石台沟村六家村民组南约800米的一道小山梁上，北面山下一条河流穿村而过，向西流入老哈河。除了红山人，更早的兴隆洼人也在这里生活，所以遗址的年代跨度比较大。这里生活的红山人的年代早于牛河梁遗址和半拉山墓地，属于红山文化早、中期。遗址的发掘工作始于2019年，持续至2024年。马鞍桥山遗址除了墓葬和祭祀的遗迹外，还有人们日常生活的区域，环壕、房屋等规划有序。透过遗址，我们可以看到一个

[马鞍桥山遗址出土彩陶罐]

完整的红山人社区，人们在这里生活、生产、祭祀，生于斯，葬于斯。

　　魏家窝铺遗址位于内蒙古自治区赤峰市红山区魏家窝铺村东。这个遗址的年代与马鞍桥山遗址年代相近，也属于红山文化早、中期。2009—2011年，考古工作者们在这里发掘了2600平方米，揭露了一个大型的红山人生活居址，再现了红山人的聚落从扩张、兴盛再到衰落的过程。

[　魏家窝铺遗址出土陶器　]

[　魏家窝铺遗址出土细石器　]

　　白音长汗遗址位于内蒙古自治区赤峰市林西县白音长汗自然村西南的山坡上，南距西拉木伦河1公里。遗址现存面积达10余万平方米，包含了新石器时代多个时期的遗存。其中，红山文化时期的遗存遍布整个遗址，是一处大型聚落遗址。

[　白音长汗遗址出土石雕人像　]

[魏家窝铺遗址发掘区全景]

[草帽山遗址第二地点]

草帽山遗址位于内蒙古自治区赤峰市敖汉旗四家子镇东800米的草帽山后，南临大凌河的支流老虎山河。遗址发现于1983年，2001、2006年考古工作者对其进行了发掘，揭露面积1500平方米，清理了14座墓葬和1处祭坛。遗址由3个地点组成，为祭坛和积石冢结合的祭祀遗址。

郑家沟遗址位于河北省张家口市宣化区郑家沟村西北的坡地上。2023年起，考古工作者对其进行了发掘。这是一处红山文化晚期的积石冢，出土器物150余件，其中玉器50余件。根据碳-14测年，遗址年代下限可到距今4800年，是目前发掘年代最晚的红山文化遗址。

[草帽山遗址出土石雕人像]

[郑家沟遗址发掘区全景]

接下来，我们将通过这些遗址展示的信息，了解红山人的生活状态，认识他们的观念、信仰。我们将沿着西拉木伦河、老哈河、大凌河、小凌河、滦河……回顾红山人曾经走过的路，寻找他们的足迹，与曾经和我们仰望同一片星空，脚踏同一片大地的红山人重逢。

足　样　环　房　餐　技　信　家　前　社　传　谜
迹　貌　境　屋　桌　艺　仰　国　人　交　承　题

样貌

第二章

红山人的样貌

生活在遥远的新石器时代的红山人，与我们相隔6500—5000年的漫长岁月。红山人的样貌是怎样的？是像原始人一样充满原始特征，还是与我们现代人更加相似？他们的体质如何？是像运动员一样，可以追逐野兽、攀岩爬树，还是因为营养不均衡，体质瘦弱？

　　让我们一起来认识红山人，从认识他们的样貌与体质开始。

红山人的样貌

考古学中，人类的骨骼是重要的遗存。通过体质人类学对人类骨骼的科学分析，可以判断他（她）的年龄、人种类型，再结合其他学科技术，甚至可以复原这个人的相貌，了解他（她）的饮食习惯、生活方式、健康状况等。

红山文化的很多墓葬经过了科学的考古发掘，比如辽宁省凌源市和建平县交界的牛河梁遗址、辽宁省朝阳市的田家沟墓地和半拉山墓地等。由于年代久远，保存环境较差，很多墓葬已经不见人骨或者人骨保存状态较差。对此，考古工作者们克服困难，在有限的遗存中，提取更多的信息。在这些信息中，我们首先想知道的是，红山人长什么样子。

考古工作者们对红山文化墓葬中保存相对较好的人类骨骼标本进行了身高的测量和复原，牛河梁遗址男性平均身高为165.54厘米，女性平均身高为161.93厘米；田家沟遗址男性平均身高为167.58厘米，女性平均身高为157.58米。红山人的平均身高明显低于现代人。

考古工作者们又通过对人骨的体质人类学分析，确定红山人属于现代北亚蒙古人种，与现代北方人的人种一致。蒙古人种（Mongoloid）又称作黄色人种、亚美人种，主要分布于东亚、东南亚、中央亚细亚、西伯利亚和美洲等地，可细分为北亚人种、南亚人种、东亚人种、东北亚人种和美洲人种。蒙古人种的主要体质特征为：黄皮肤；粗硬且直的黑发，男性胡须少、体毛少；面部较宽大扁平，颧骨较高；眼睛呈黑色或褐色，眼外角通常高于眼内角，单眼皮和蒙古褶出现率高；鼻根较低；矢状嵴、下颌圆枕、铲形门齿出现率较高。

蒙古褶

"蒙古褶"在医学上叫"内眦赘皮"或"内眦皱襞"，即内眼角的上眼睑盖住下眼睑。这种生理现象常见于东亚地区，尤其是蒙古人种比较多。

黑发

单眼皮

眼外角明显高于眼内角

颧骨高

黄皮肤

鼻根低

蒙古褶

黑发

单眼皮

眼外角明显高于眼内角

颧骨高

黄皮肤

鼻根低

蒙古褶

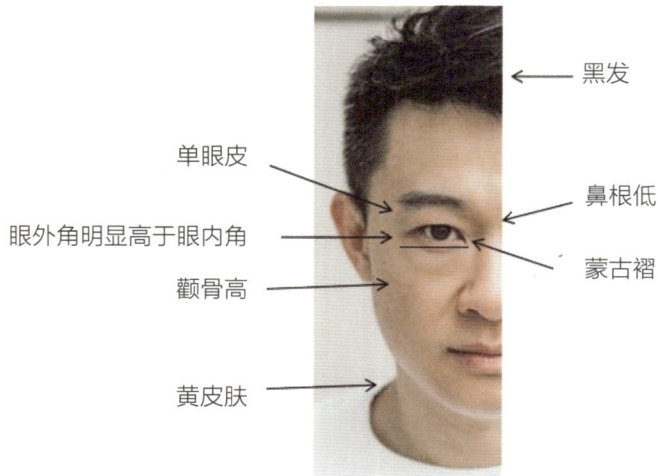

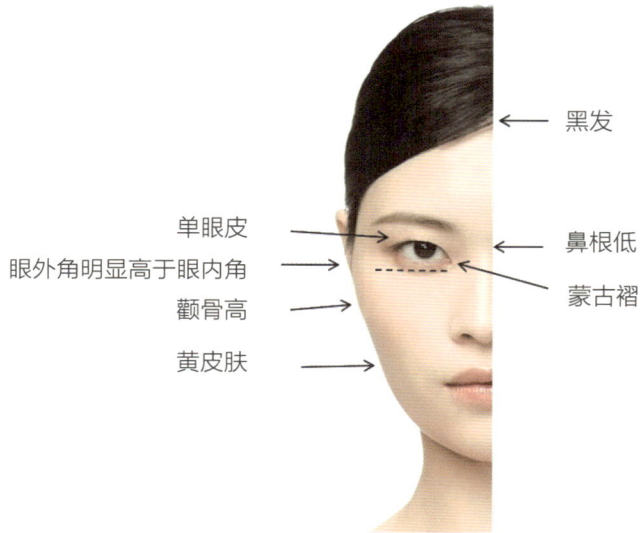

[　蒙古人种特征　]

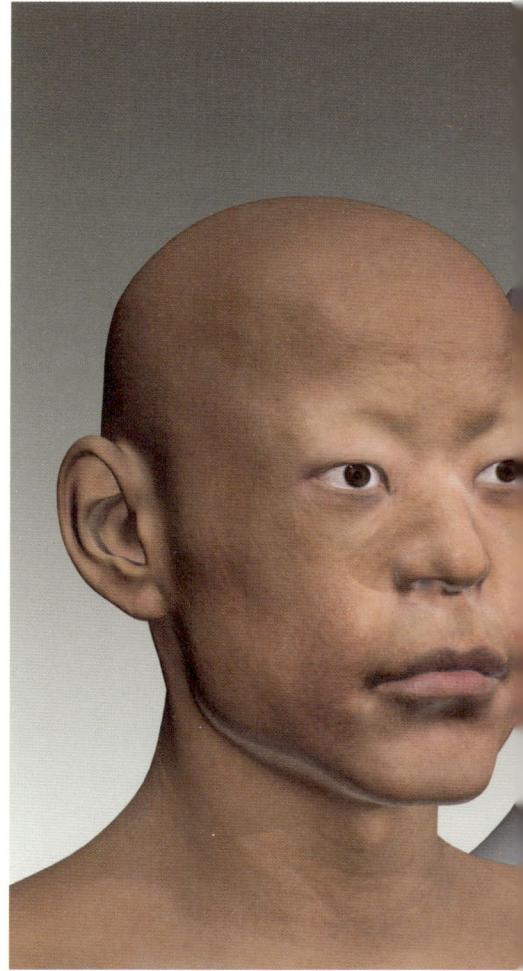

为做好"东方既白——我们是生生不息的红山人"展览，辽宁考古博物馆选取了半拉山墓地中保存较好的一例男性头骨，对其进行了相貌复原。这是红山文化的首例人骨相貌复原，红山人第一次以其原有的面貌与我们见面。这位红山人的年纪只有25岁左右，是典型的北亚蒙古人种，高高的颧骨，鼻根比较低，因下颌骨较宽，有着一张标准的"国"字脸，眼睛不大也不小，牙齿不整齐，口唇部略微外凸。总的来说，红山人虽然距我们有数千年之遥，但形貌特征与我们今天的北方人基本一致，如果他穿上现代人的衣服走在我们的人群中，很难分辨。

[　半拉山墓葬人骨样貌复原　]

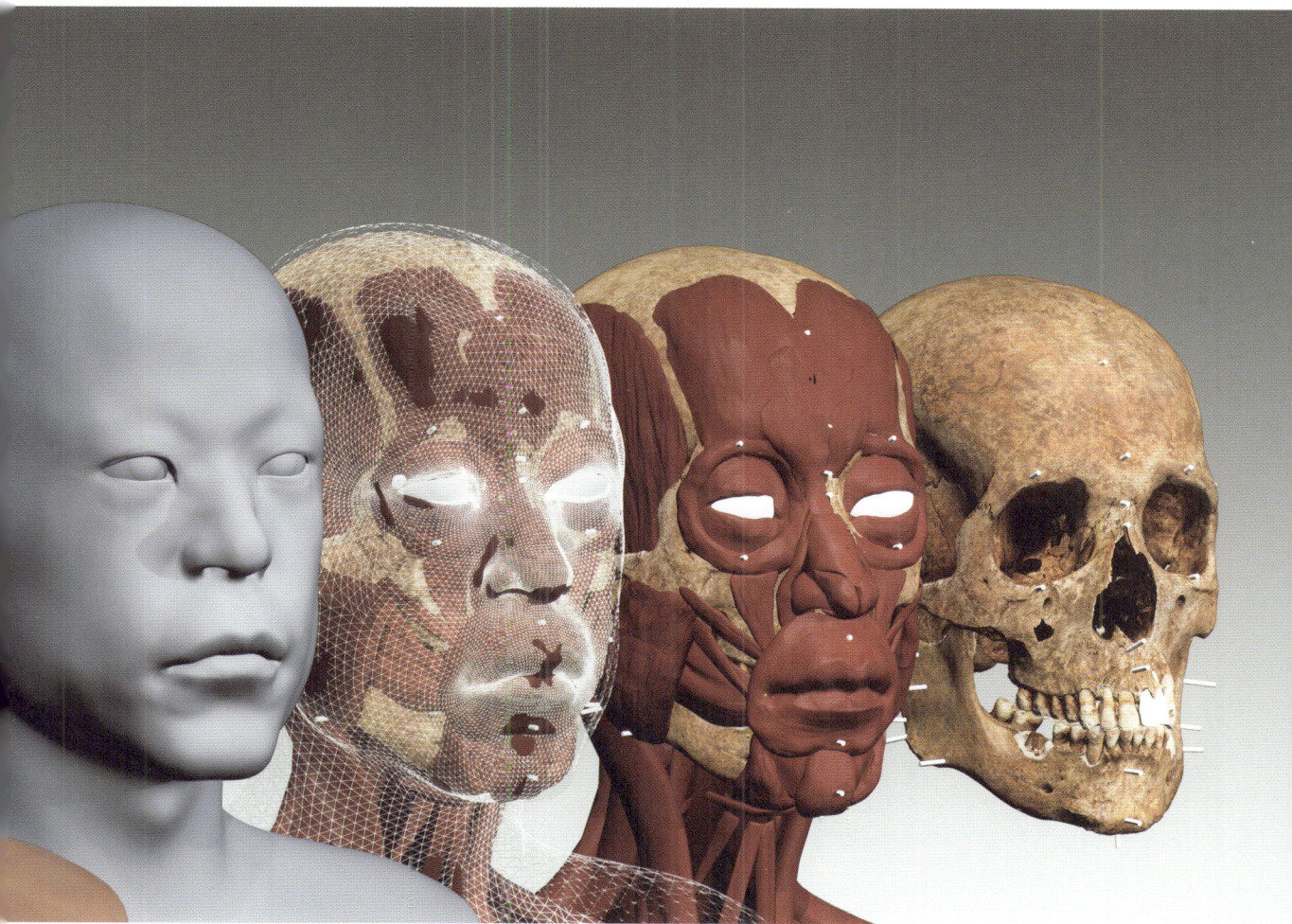

红山人的衣着

作为形象的重要组成部分，红山人穿着佩戴什么呢？是不是袒露身体或者披着兽皮呢？

内蒙古自治区林西县白音长汗等红山文化遗址出土了陶质、石质的纺轮。纺轮的出现意味着人们掌握了纺织技术，可以做出轻便的纺织物衣服，而不是单纯靠笨重的兽皮取暖。近年来，考古工作者陆续在内蒙古赤峰兴隆洼遗址第二地点等红山文化遗址中发现麻类植物遗存，说明红山人用来纺织织布的植物纤维原料是麻。除了轻便的麻衣，红山人可能还有蚕丝衣物。红山人擅长制作玉器，红山文化的遗存中有很多精美的仿生玉器，如玉鸟、玉龟、玉蝗、玉蚕等。玉蚕的雕琢惟妙惟肖，非常写实，说明红山人对蚕很了解，甚至有可能掌握了养蚕技术，并能用蚕丝纺织制衣。

目前，还没有能完整复原红山人衣服款式的考古资料，但红山人有制作人像的习俗，考古发现了100余件不同质地的红山文化人像，我们从这些零散的材料中，可以窥见红山人的一部分服饰。红山人的发型头饰并不固定，但从出土的骨笄、三孔器等发饰来看，红山人很注重审美打扮。兴隆洼遗址第二地点出土了一件半身陶人，是目前红山文化发现的最完整的人像，神态生动，形象具象。陶人像的头发梳拢在头顶，用麻绳上下穿系固定，类似后世的发髻，正面的发髻之下有一块长方形凸起，好像后世的帽正。除了这种与后世相近的发型，红山人还有

[牛河梁遗址出土三孔梳背]

[兴隆沟遗址出土陶人像]

[半拉山墓地出土陶人头像]

"另类"发型。辽宁朝阳半拉山墓地出土了多件石人像，其中保存较好的一件，头发聚在头顶，好像古代北方少数民族的髡发一样。此外，半拉山墓地的祭祀坑里出土了一件高只有2厘米的陶人头像，发型清晰，头发梳理得类似辫子一样，同心圆状盘在头顶部。

能复原其他部分服饰款式的遗存很少。辽宁省喀喇沁左翼蒙古族自治县东山嘴遗址出土了一件陶人像残块，只有腰部，却能看出红山人会用麻绳作为腰带绑系在腰间。牛河梁遗址第五地点出土了一件残缺的陶立人像，身体部分的衣服虽不清楚，但能看出足下穿着半个小腿高的靴子。

[东山嘴遗址出土陶人像腰部]

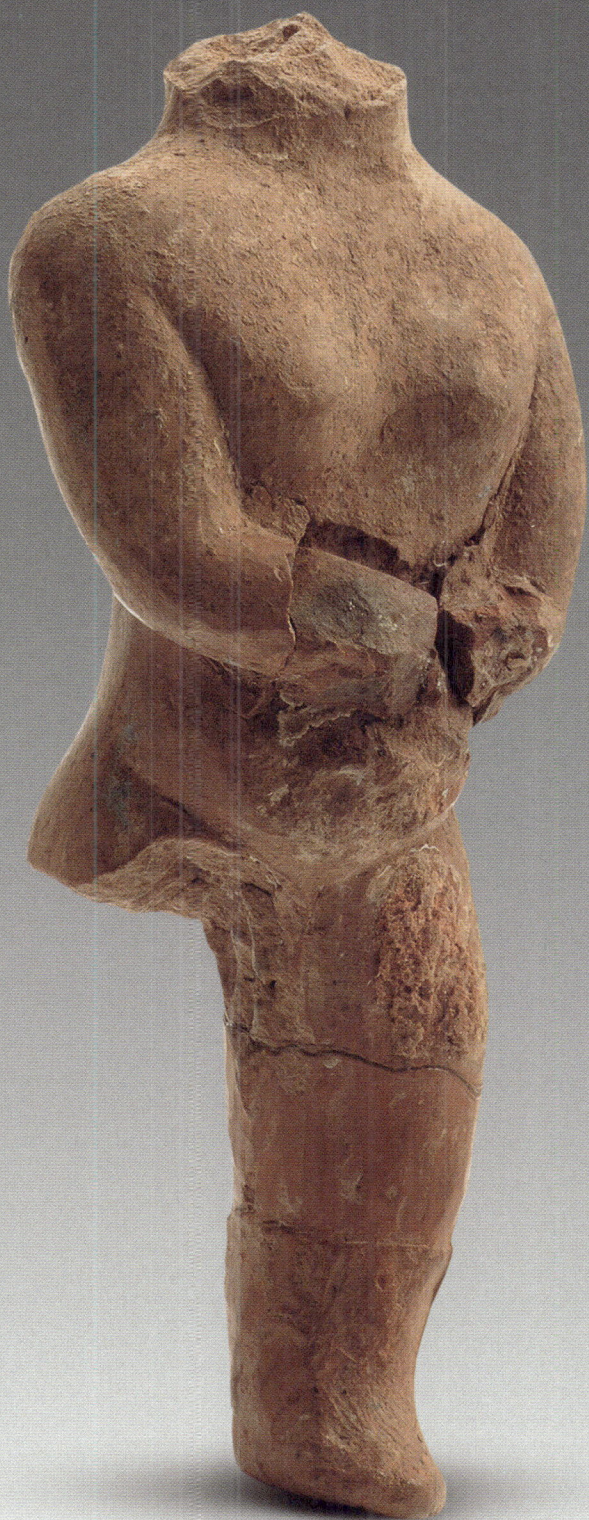

[牛河梁遗址出土穿靴子的陶人像   ]

[牛河梁遗址出土玉镯]

　　除了发型服装，红山人还制作了蚌质、骨质、玉质的手环、耳珰、坠饰等，对身体的不同部位进行修饰与装点。红山人的生活生动而富有情趣，他们的衣服并不仅仅满足蔽体保暖需求，还会按照他们独有的审美装饰自己。

红山人的健康状况

结合体质人类学和相关学科的研究，我们不仅可以复原红山人的样貌，也能给他们"体检"，诊断他们的健康状况甚至死亡原因。

通过对牛河梁遗址墓葬中人骨的体质人类学分析，红山人男性平均年龄为34.85岁，女性平均年龄为30.24岁。虽然检测的样本只是红山社会人群中很少的一部分，但也能说明，红山人的寿命远低于现代人。彼时人的寿命受到社会发展程度的限制，红山人的卫生保健、医疗水平很难支持人们安度晚年。而牛河梁遗址、田家沟遗址的人骨检测，恰恰证明了青壮年的红山人不同程度地患有损伤性疾病，不仅影响了他们的生活质量，也缩短了他们的寿命。

现代科技手段能检测到的红山人的疾病包括骨骼病理性疾病和口腔疾病两大类。

[田家沟遗址
M13头骨砍伤痕迹]

我们观察骨骼发现，红山人有创伤、贫血、感染、发育异常等病症。创伤类的疾病包括砍伤、骨折、髌骨创伤、锁骨穿孔、骨质凹陷、分离性骨软骨炎等疾病。引发这些疾病的原因，一方面是外伤，如骨折，骨折后的个体会出现骨折部位变形、分离或破碎，由于古代的医疗环境落后，骨折的部位通常会错位愈合或变形；骨质凹陷是软组织受压或者牵引力过大时，引发的破坏性（细胞溶解性的）损伤，使局部骨组织的血液供求中断，从而导致骨组织死亡；砍伤、髌骨创伤是受外力作用，被工具所伤。另一方面是主观人为因素导致，如颅骨人工变形，与婴儿时期长时间仰睡硬质的枕头有关，侧睡导致了偏头现象。贫血症状也可以通过骨骼病理观察到，田家沟遗址人骨的头骨发现了眶顶板筛孔样变和疏松性骨肥厚两种症状，即在颅骨的

红山居民体检报告

姓名	小红	性别	女
年龄	25 岁	身高	157.6 厘米
家庭住址	辽宁省朝阳市凌源市三家子乡河南村田家沟组		

体检异常结果

检查项目	检查所见
头部	脑后扁平，头骨变形
口腔	牙周病
	牙结石
	蛀牙
	增生齿
	牙齿表面有条带状横纹，牙釉质发育不全

CT

检查项目	检查所见
头部	头骨及眶顶板多孔样变，贫血
	头骨内表面有新骨生成，疑似脑膜炎
脊椎	椎骨棘突侧偏

诊断与建议

1. 头骨变形可能与婴儿时期睡眠姿势有关；

2. 患口腔疾病要及时治疗，并且保持良好的口腔卫生习惯，增生齿建议拔除；

3. 贫血最常见的类型是缺铁性贫血，如进一步诊断为此类型贫血，需吃含铁量高的食物，如牛羊肉等；

4. 不见脑部有骨肿瘤，脑膜炎可能由细菌或病毒感染引起，需针对性进行抗感染治疗；

5. 棘突侧偏可能由不良姿势引起，要保持良好站姿、坐姿习惯。

[红山人的体检报告]

红山居民体检报告

姓名	小山	性别	男
年龄	40 岁	身高	167.6 厘米
家庭住址	辽宁省朝阳市凌源市三家子乡河南村田家沟组		

体检异常结果

检查项目	检查所见
头部	脑后扁平，头骨变形
口腔	牙根尖脓肿，齿槽有孔洞
	牙齿脱落
	智齿横生

CT

检查项目	检查所见
胸骨	发育异常，左右不对称
	肋软骨骨化，与胸骨融合
肱骨	骨折，错位愈合
	有骨肿瘤，可能为发育异常
脊椎	椎骨黄韧带骨化
	骨质增生，关节面融合
	椎间盘突出，施莫尔结节
	隐性脊柱裂，骶骨后面开放
髌骨	骨性关节炎

诊断与建议

1. 头骨变形可能与婴儿时期睡眠姿势有关；

2. 患根尖脓肿要及时治疗，并且保持良好的口腔卫生习惯；

3. 智齿横生会挤压相邻牙齿，引起炎症，甚至蛀牙，建议拔除；

4. 骨折后要增强营养，多补充含钙丰富的食物，如蛋奶类制品；

5. 退行性关节病（包括软骨骨化、黄韧带骨化、骨质增生、椎间盘突出等）主要与年龄、劳损有关，要尽量避免重体力劳动；

6. 患隐性脊柱裂要多休息，不要过度操劳。

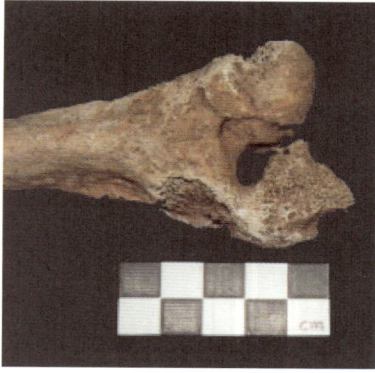

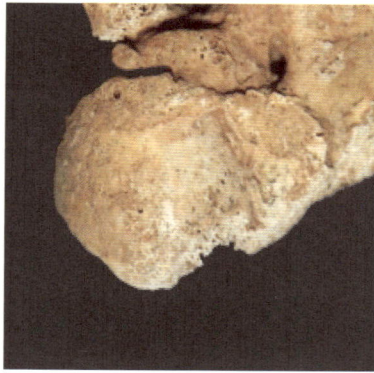

[田家沟遗址第三地点 4 号墓肱骨骨折错位愈合及关节炎]

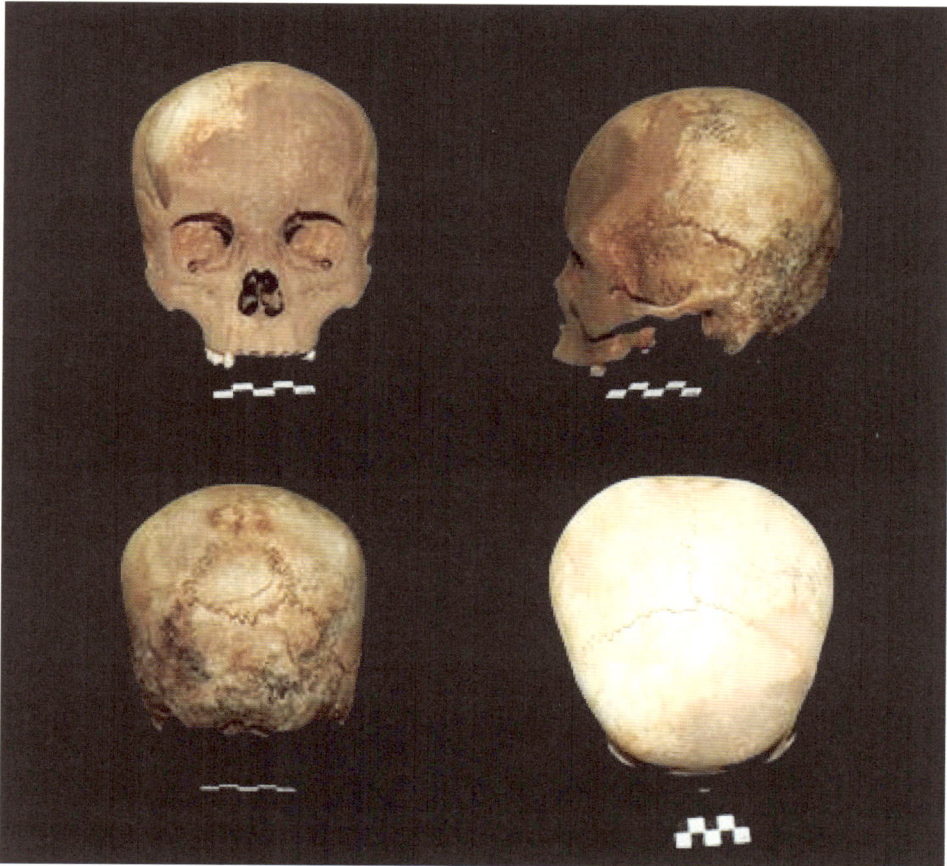

[田家沟遗址第三地点 4 号墓颅骨人工变形]

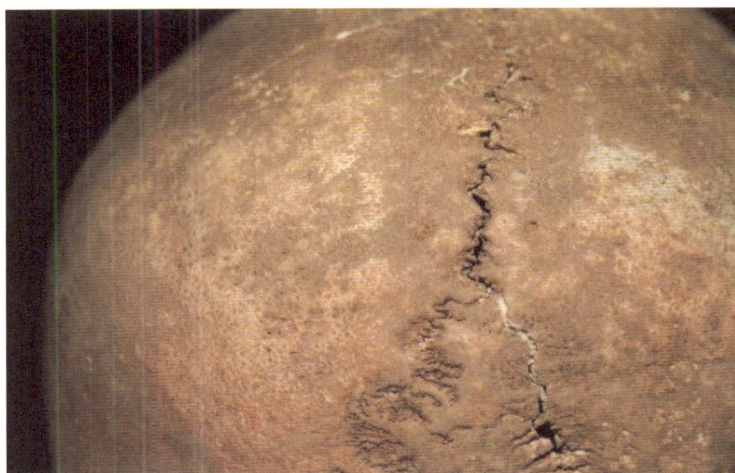

[　田家沟遗址第三地点 5 号墓右顶骨多孔病变　]

额骨、顶骨、枕骨上出现板障层增厚、疏松多孔等表现。这两种病变很可能由缺铁性贫血引发，也可能与地中海贫血、镰刀细胞型贫血、寄生虫感染、疟疾、长期腹泻等疾病有关。感染的病理表现有退行性骨关节疾病、颅内感染两种，退行性骨关节疾病是一种慢性疾病，年龄增长、遗传基因、营养摄入、重体力劳动等都是引发的因素；颅内感染表现为颅骨表面有新骨生成，可能由脑膜感染或脑膜炎引发。骨骼发育异常包括腰椎骶化、脊柱裂、骨肿瘤等几种情况，严重地损害了人们的健康。

[　田家沟遗址第一地点扰乱坑出土人骨顶骨内感染　]

[田家沟遗址第二地点 11 号墓左上颌臼齿龋齿]

红山人的口腔疾病更加普遍，几乎每一个骨骼标本都有不同程度的牙齿疾病。最常见的是龋齿、牙结石和牙周炎，几乎半数以上的红山人都被这几种病症困扰。此外，红山人还不同程度地患有牙根脓肿、牙齿脱落、牙釉质不全、牙齿畸形等口腔疾病。引发这些口腔疾病的原因主要是当时卫生条件差、缺乏营养摄入、长时间生病以及不合理的饮食习惯。

　　有限的改造自然的能力、与大自然抗争的艰辛，给红山人带来诸多病痛，甚至影响了他们的寿命。可是无论困难多么巨大，行路多么险阻，红山人仍旧用他们的智慧和力量，克服万难、砥砺前行，顽强地生存着，并创造了辉煌灿烂的文化，在人类历史的寂夜划开一道天光，迎来文明的曙光。

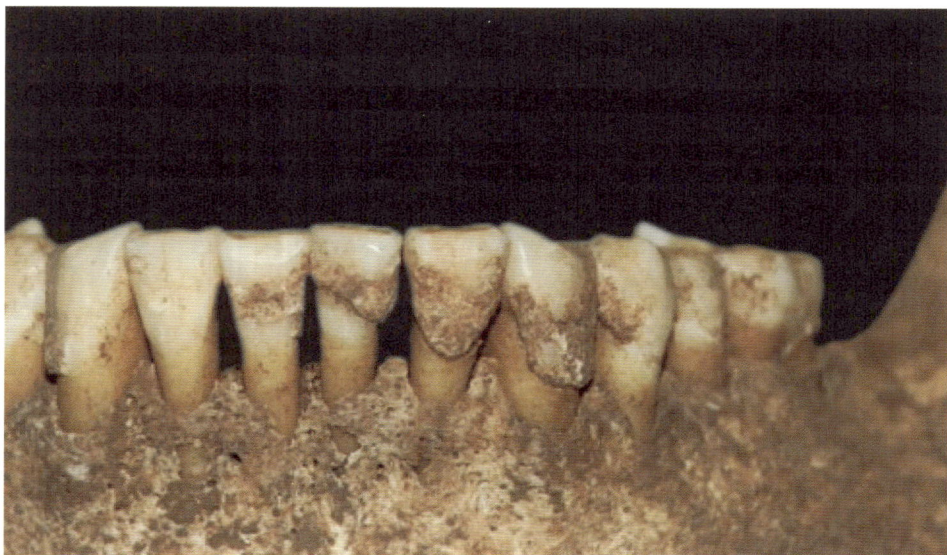

[田家沟遗址第三地点 6 号墓牙齿舌侧牙结石]

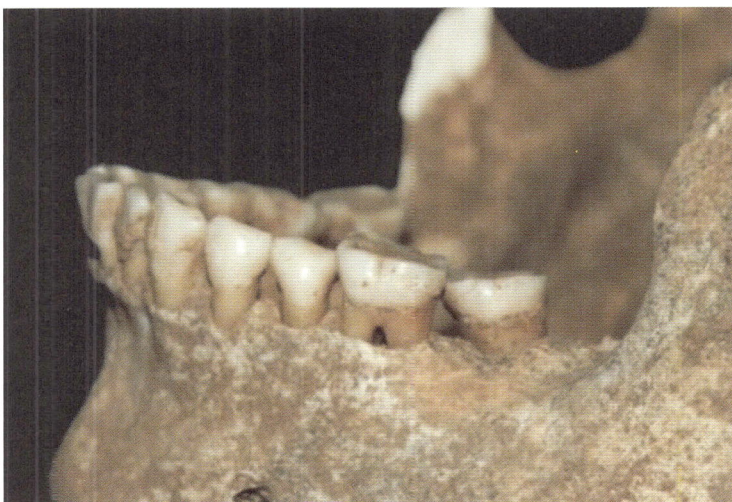

[田家沟遗址第四地点 7 号墓左下颌左侧臼齿牙周病]

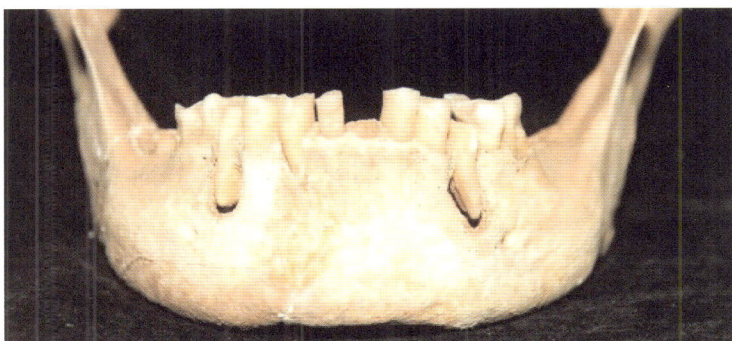

[田家沟遗址第三地点 5 号墓左下颌骨左右第一前臼齿齿根脓肿]

[田家沟遗址第四地点 10 号墓下颌牙齿生前脱落]

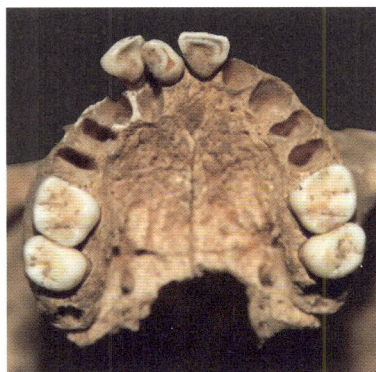

[田家沟遗址第三地点 8 号墓上颌牙齿畸形]

环境

第三章

境

红山人的生活环境

人类的发展往往受到环境的影响和制约，人类的命运与自然环境密不可分，地理环境为人类活动提供了自然背景和舞台场景，它对人类的身心特征、民族特性、社会组织、文化发展等人文现象影响深远。西方一些历史学家、哲学家甚至提出"地理环境决定论"，认为人类的历史由地理环境决定。

　　诚然，人类是大自然的一员，人们生活在自然环境中，不同的自然环境会映射在人们生活的遗存上。尤其在生产力并不发达的石器时代，受认知限制，人类不能科学地认识自然，更遑论改造自然，一场大雨、一次干旱、一个严冬都牵系着人类的生死存亡。面对神秘又强大的自然环境，为了生存，人们开启智慧，利用自然改善生活质量，抵御大自然随时降临的风险。人们对自然环境充满敬畏和想象，人类的艺术和信仰无不崇拜着自然。

　　一方水土养一方人。红山文化分布范围广、存续时间长，是一支强大的考古学文化。养育红山人的环境富饶而美丽，在这样的环境中，红山人繁衍发展、生生不息。

山水宜居

"红山"立于内蒙古自治区赤峰市红山区东北郊的英金河畔，山如其名，远望之红峦叠嶂，近登山岳赭石赤土。赤峰地区位于内蒙古高原的边缘地带，丘陵连绵，古生代时期经历了火山—沉积作用，再经过中生代强烈的构造岩浆作用，形成钾长石含量较高的花岗岩山体，所以山峰呈红色。

红山文化的重要遗址大多隐匿在辽西地区低矮的山地丘陵中。红山人聚居的辽西地区位于大兴安岭南端，这里山脉纵横，努鲁尔虎山、医巫闾山、七老图山、燕山等山脉构成了西南高、东北低的整体地势。

山地丘陵之间布满了水系，西拉木伦河、老哈河、西辽河、大凌河、小凌河、滦河等河流穿梭其中。河流冲积平原是红山人的宜居之地，西辽河平原狭长把沃，总面积5.29万平方公里。西拉木伦河和老哈河是西辽河的两个最重要的支流。西拉木伦河流经赤峰地区，是内蒙古东南部红山人的母亲河。老哈河发源于河北东北部的七老图山，同样流经赤峰地区，却是在西拉木伦河东南侧，沿着努鲁尔虎山穿行，在赤峰翁牛特旗大兴附近与西拉木伦河相汇，形成西辽河，再与北部自西向东而来的新开河相遇，共同汇聚形成了我国七大水系之一的辽河水系。广阔的西辽河平原，坐落着数百个红山人的聚落，是他们赖以生存的沃野。

更多的红山人选择聚居在山地丘陵之间的河流阶地上。辽西地区的地形以丘陵和山地为主，在河流的侵蚀切割作用下，山间形成了阶梯状的河流阶地，红山人在沿河的阶地上安家落户。大凌河、小凌河、滦河同样养育了红山人。大凌河发源于燕山山脉，主要流经辽宁的朝阳、盘锦地区。小凌河发源于辽宁省朝阳市朝阳县，蜿蜒向东，在锦州汇入渤海。滦河发源于河北，流经燕山山脉，最终流入渤海。从目前的考古调查成果来看，大凌河流域和与它相隔的努鲁尔虎山的老哈河流域，以及西拉木伦河流域是红山人分布最密集的区域，牛河梁等重要的遗址都坐落在这里，尤其是丘陵地区的河流沿岸的二级阶地上，密布红山文化遗址。

水源是人类赖以繁衍生息的生命之源，文明伴随河流而生，无论依傍山水之险，还是沃野百里之宽，都养育了无数人群，文明由此发轫。

查干木伦河

西拉木伦河

羊肠子河

英 金 河

蹦蹦河

锡泊河

努
鲁
尔
虎
山

七
老
图
山

小滦河

伊逊河

滦 河

燕 山

吉
木
伦
河

新 开 河

河
辽
西

老
哈
丁

教
来
河

白

牤
牛
河

医
巫
闾
山

大
凌
河

辽

河

小
凌
河

儿
河

女

丁

[辽西地区地形图]

气候宜人

辽西地区属于温带大陆性季风气候区，冬季寒冷而漫长，春季干旱风沙较大，虽然夏季的雨水集中，整体降水量却不多，而且气候炎热，丰收的秋季很短，气温下降得却很快。远在6000多年前的古人如何在这样的环境中适应自然、世代生存、开创文明呢？

其实，数千年前这里的气候并不干旱，而是雨水丰沛、温暖湿润、气候宜人。地球的气候和温度不是一成不变的，哪怕在短短的几年内，都会有可察觉的变化，何况数千年之久，气候的波动甚至可以塑造沧海桑田。让我们把时间的尺度拉远到整个地质年代，相对于地球46亿年的年龄，人类300万年的历史不过沧海一粟。人类的历史开始于新生代第四纪的更新世，这个时期，地球正值距今最近的一个冰期——第四纪冰期，地球表面大部分被冰川覆盖，旧石器时代的人类经历了上百万年漫长的严冬，终于在距今1.2万年左右，迎来了全新世的春天，人类的历史也进化到了新石器时代。进入全新世以来，地球上的气候开始变暖。在这1万多年中，气候不断波动，波动频率上自千年下至几十年，都不相同。根据孢粉分析和古植物学研究，距今8000年的辽西地区为典型的草原地带，气候温暖湿润，主要植被为温带落叶阔叶林，森林茂密，年代早于红山人的兴隆洼人在这里安家乐业。在距今6000余年前，地球迎来了全新世大暖期，也称作大西洋期。这一时期气候温暖，降水量充沛，黄河流域的平均气温比现在高2℃左右，冬季气温高3℃—5℃。黄河流域的仰韶文化半坡遗址中发现了獐、竹鼠和貉等亚热带动物的骨骼。同时期，红山人居住的辽西地区也处于这类温暖湿润的气候背景之下。

地质年代

地质年代可以宙、代、纪、世、期、时等时间单位划分。按照自然地层形成的先后顺序，地质学在时间上将地层分为4宙14代12纪。即冥古宙（距今46亿—40亿年）、太古宙（距今40亿—25亿年）、元古宙（距今25亿—5.41亿年）、显生宙（距今5.41亿年至今）。显生宙可以划分为3代，即古生代（距今5.41亿—2.25亿年）、中生代（距今2.52亿—0.66亿年）、新生代（距今0.66亿年至今）。新生代可以划分为3纪，即近古纪（距今0.66亿—0.23亿年）、新近纪（距今0.23亿—258万年）、第四纪（距今258万年至今）。第四纪可划分为2世，即更新世（距今258万—1.2万年）和全新世（距今1.2万年至今）。

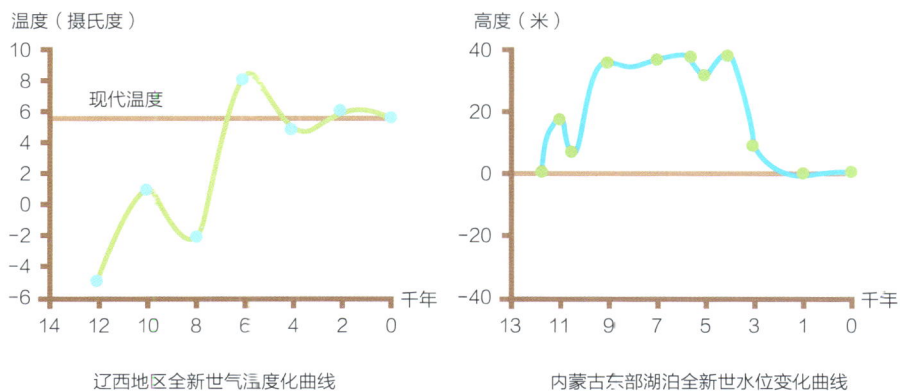

温度（摄氏度）

现代温度

辽西地区全新世气温度化曲线

高度（米）

内蒙古东部湖泊全新世水位变化曲线

[辽宁西部和内蒙古东部地区环境变化示意图]

距今6000年左右，辽西地区的气温达到全新世以来的峰值，年平均气温8℃，远高于现在的5.5℃。降水量方面，6000年前的辽西地区也明显比现代更高，彼时内蒙古东部地区湖泊水位比现在高30余米，河流纵横，遍布湖泊。这样的气候条件下，红山人的家园被落叶阔叶林和针阔叶混交林覆盖。考古发现，红山文化的遗址中植物孢粉种类丰富，魏家窝铺遗址、兴隆沟遗址等地发现了猪毛菜、狗尾草、黄芪、紫苏、豆科、茄科、杜梨、欧李、山杏、山核桃、榛树、橡树的遗存。动物的物种也很多样，哺乳类、鸟类、鱼类、软体动物应有尽有。考古工作者在红山文化的遗址中发现了多种哺乳类动物的骨骼，如熊、马鹿、梅花鹿、野猪、獐子、狍子、獾、马、牛、狗、野兔、鼢鼠等。湿润多雨的环境也给鱼类、螺蚌等动物提供了生存环境，马鞍桥山遗址出土的大蚌，在现在辽西地区已很少见。

全新世大暖期是冰期后气候最适宜人类生活的时期，此后的5000年，中国气候整体上呈现出下降趋势，虽然各个时期仍旧有波动，但再未出现新石器时代中晚期那样温暖湿润的宜人气候。在这种得天独厚的地理和气候条件下，红山人冲破大自然对人类的绝对限制，发展了多种生业模式。富饶的资源为红山人提供了动物、植物类饮食，并不满足于依靠环境吃饭的红山人在狩猎和采集的基础上发展农业，多种生业模式并存，红山人在一定程度上改善了温饱问题，又进一步发展了手工业，进而产生了更加先进的社会制度。

优越的自然环境为人类文明的产生和发展提供了契机，红山人在这样的环境中努力开拓，走出人类历史上漫长寒冷的"冰期"，迎来文明的曙光。

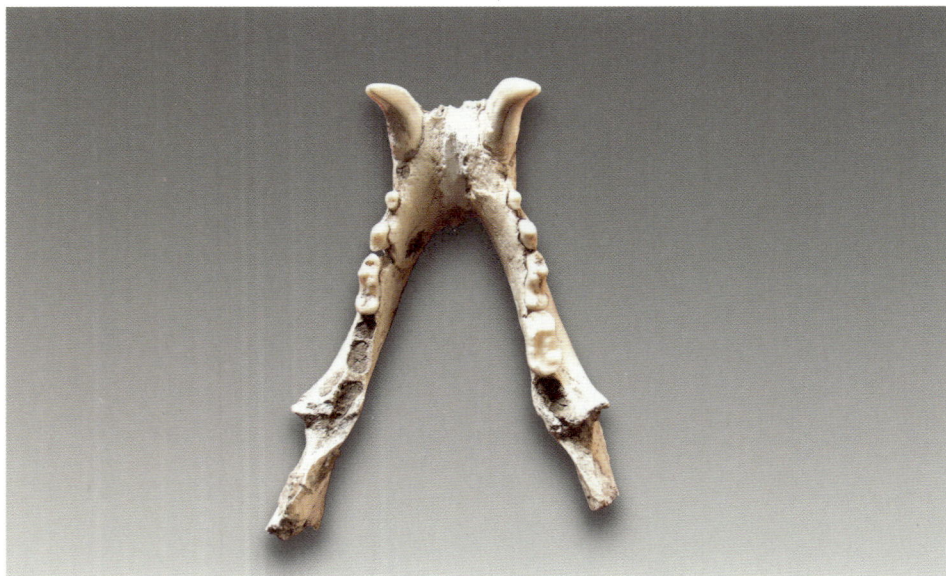

[　牛河梁遗址出土黑熊下颌骨　]

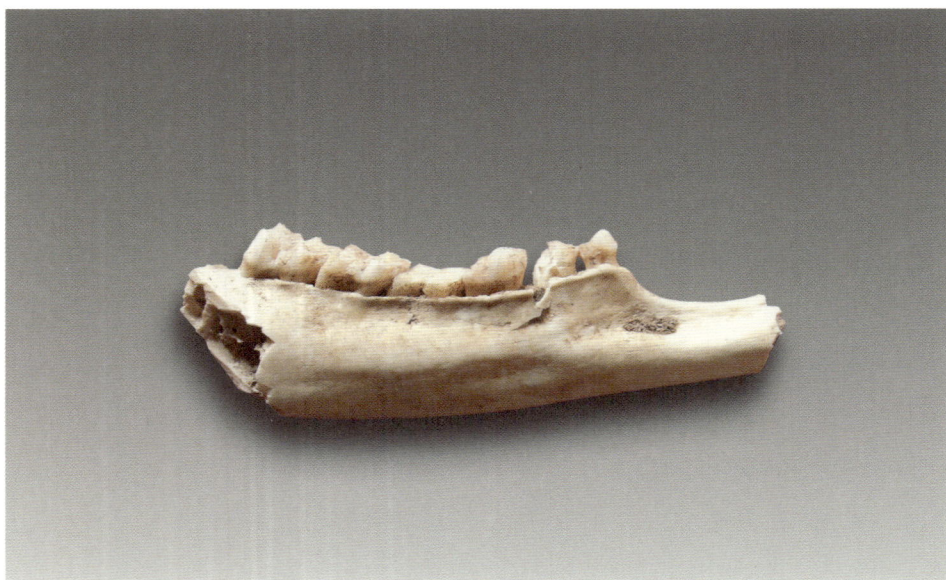

[　牛河梁遗址出土獐子下颌骨　]

[马鞍桥山遗址出土幼年梅花鹿骨骼]

[牛河梁遗址出土狍子角]

[牛河梁遗址出土獾子下颌骨]

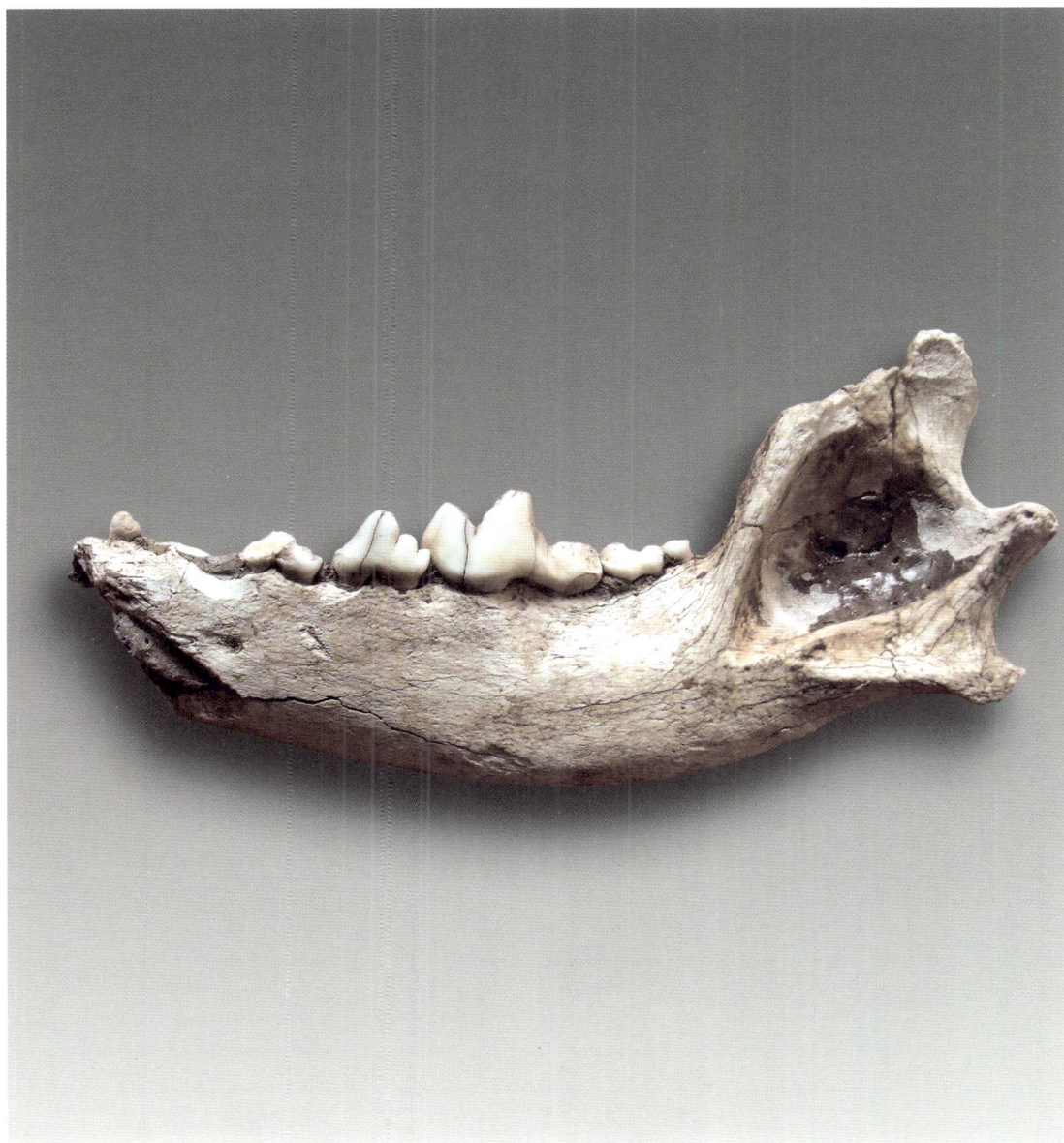

[牛河梁遗址出土狗下颌骨]

[牛河梁遗址出土野兔肱骨]

东方既白
生生不息的红山人

[牛河梁遗址出土鼢鼠头骨]

足迹　样貌　环境　房屋　餐桌　技艺　信仰　家国　前人　社交　传承　谜题

房屋

第四章

红山人的房屋

"家"是一个温馨的词汇，除了家人，"家"更代表着我们居住的房屋。衣食住行是人们日常生活最重要的组成部分，红山人住在什么地方？他们的"家"是什么样子？在生产力水平有限的新石器时代，人们如何修建房子抵御寒冷和野兽？结合考古发现，我们来复原红山人的居住场所。

依山傍水的田园生活

聚落考古学

聚落考古学是西方最具影响力的考古学理论和方法之一，20世纪50年代起源于美洲。它是20世纪70年代以来传入中国的最有影响力的西方考古学理论。聚落考古学指在社会关系的分析框架内来做考古资料的研究，也就是利用考古学资料来研究社会关系。

营造家园的第一个步骤是选址。

从古至今，人们都会首选靠近水源的地方安家，红山人也不列外。考古工作者们开展的红山文化区域调查的结果显示，红山人的村落密集地分布在西拉木伦河、老哈河、大凌河、小凌河、滦河和它们的支流，越靠近河流，遗址分布越密集。但是紧挨河流的平坦处和河漫滩，距离河水太近，又过于平坦，也不适合安家落户。考古调查发现，红山人的聚落大多坐落于河流沿岸的二级阶地或岗坡上。当河流在山地间穿行时，两岸往往呈现出类似于台阶一样，一级一级升高的地势，每一级台阶与上下相邻的两级有一定的高度差，但台阶上的地势相对平坦。河流二级阶地是指河漫滩上的第二级相对平坦的地方。也

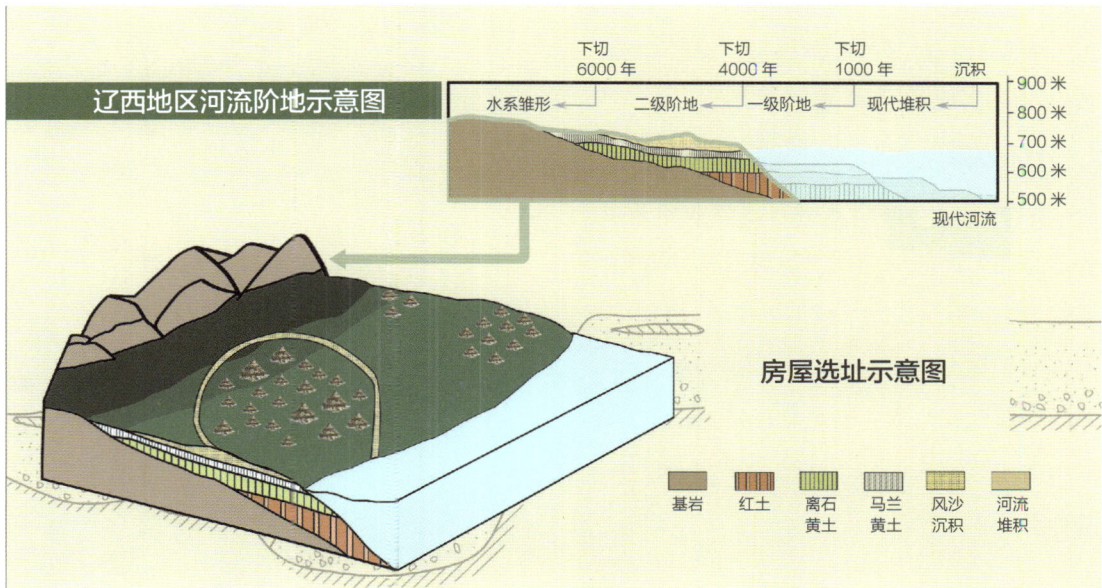

[红山人房屋选址示意图   ]

就是说，红山人居住的地方与河流有两个相对较大的地势高差。这种情况不利于取水，红山人为什么要选择这样的居址呢？

由于气候的变迁，红山人生活的时代比现代湿热，降水更加充沛，因此那时的河流水位比现代要高。数千年来，经过下切、沉积等地质变迁，沧海桑田，换了人间。现代沿河的村庄，可能是古代河流的河床，而现代远离河流的二级阶地，反倒是古代临近河流、行路通畅、背靠岗坡、有天然屏障的宜居之地。

红山人通常会选择这种有天然地理优势的地方建造村落，沿着一定的方向成排地修筑房屋。一个村落往往有数十座甚至上百座房屋，看起来整齐有序。建好房屋后，人们在村落周围挖一周环壕标明界限并防止野兽侵袭。环壕的形状不一定是圆形，而是沿着村落的外围修建，有时自然地势也能成为环壕的一部分。

红山人的村落以河流为纽带，成群分布。河流沿岸，红山人的村落分布密集，还常见比邻而居的情况。虽然村落的规模普遍较小，但是在以水域为单位的空间内，人们和平地分享生存资源，和谐相处，相邻的村落间很可能存在密切的联系。这样依山傍水相聚而居的生活形成了相对稳定的社会关系。

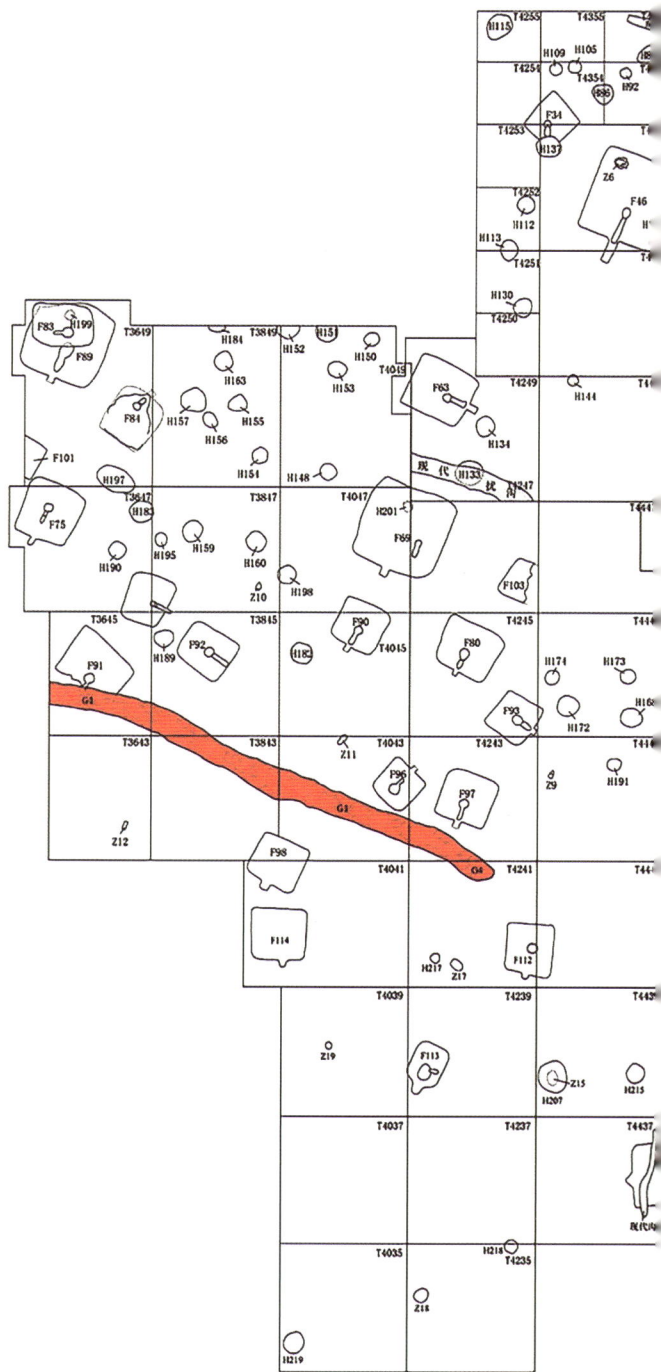

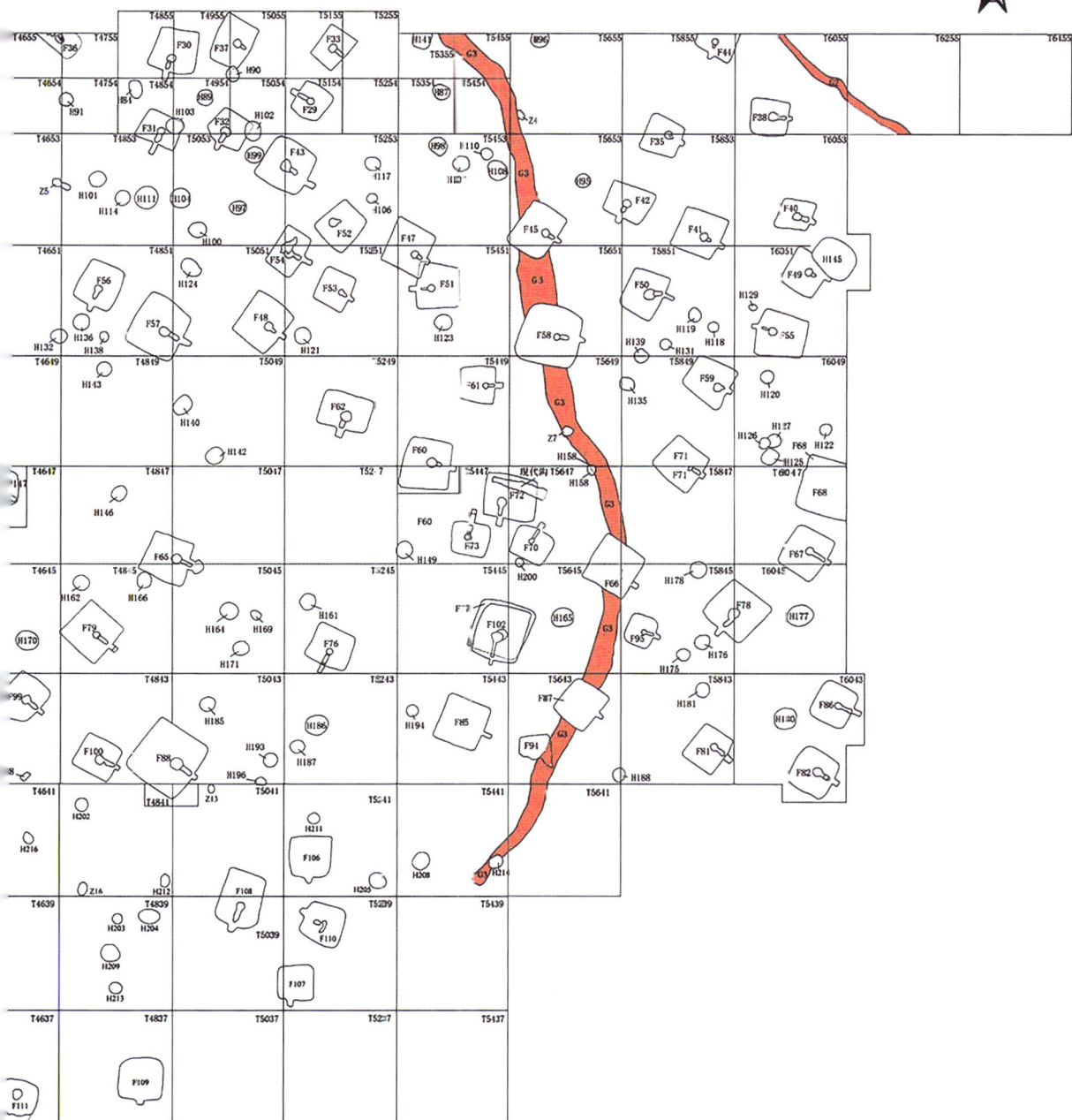

[魏家窝铺遗址聚落平面图]

红山人的房屋

　　考古发现的红山人的房屋居址很多，比如魏家窝铺遗址，考古工作者们在这里清理了103座房址。此外，内蒙古自治区林西县白音长汗遗址、赤峰市彩陶坡遗址、敖汉旗兴隆沟遗址第二地点和西台遗址也都发现了保存相对较好的房址。辽宁省境内的红山文化村落发现得比较少，比如马鞍桥山遗址、刺槐山遗址均发现了房址，保存得很好，可以用来复原红山人房子的原貌。

[彩陶坡遗址 2 号房址]

[彩陶坡遗址 15 号房址]
（图片由内蒙古自治区文物考古研究院提供）

[刺槐山遗址 1 号房址]

[考古工作者对红山文化房址建模工作照]

在我国北方，古代人大多会把房子修建成半地穴式。所谓半地穴式房屋，就是在地面向下挖一个坑，将坑面修平、踏实，作为房屋的居住面，然后再在房屋内外挖圆形的柱洞，插柱、架梁，搭建房顶。这样的房屋有一部分在地面下，因此叫做"半地穴式房屋"。半地穴式房屋既可以保证房屋的保暖性能，适合北方人居住，也可以提升房屋的安全性能。

红山人的房屋平面为方形或长方形，底部垫一层土，将土找平、压实后，就得到了一个平整地面，有时人们会用火烧烤地面，魏家窝铺遗址的部分房屋甚至采用了料姜石磨粉调和成的加固泥，使地面更加坚硬。为了进入半地穴的房屋，人们在房屋一侧的中央挖一条缓阶而下的门道。所以，当房屋倒塌、木质的梁柱埋藏在地下几千年后，今天我们看到的古人留下来的半地穴式房屋，是一个"凸"字形的浅坑。房屋的面积大小不等，多数为10—20平方米的小房子，更容易取暖和保暖，适合人们居住。为了更好地支撑房顶，房屋内外都要立柱子，所以房屋遗址的内外通常都会留下成排的柱洞，我们便是通过这些柱洞来复原房屋的样式。柱子之间横架房梁，内外两重柱子，可以支撑高大的棚顶。门道的外侧也有柱子，支撑起门道上方较矮的棚顶。梁、柱的交叉处用绳子捆绑固定，房屋的间架就建造好了。房屋的墙面一般涂抹草拌泥，再将之烧烤，既牢固又保暖。再在棚顶覆盖茅草形成屋顶。房屋取暖需要烧灶，红山人一般会在刚进房屋靠近门道的地方挖一个圆形或者瓢形的灶坑，这样有助于排烟和助燃，在灶坑里生火，就能给整个房屋取暖，也能做饭。有的房屋会在门外挖露天灶用来做饭。

为了生活方便，红山人会在房屋附近挖窖穴存放物品、挖坑放置垃圾。贮藏的窖穴废弃后也会被当作垃圾坑继续使用。

[马鞍桥山遗址房址中出土的陶器   ]

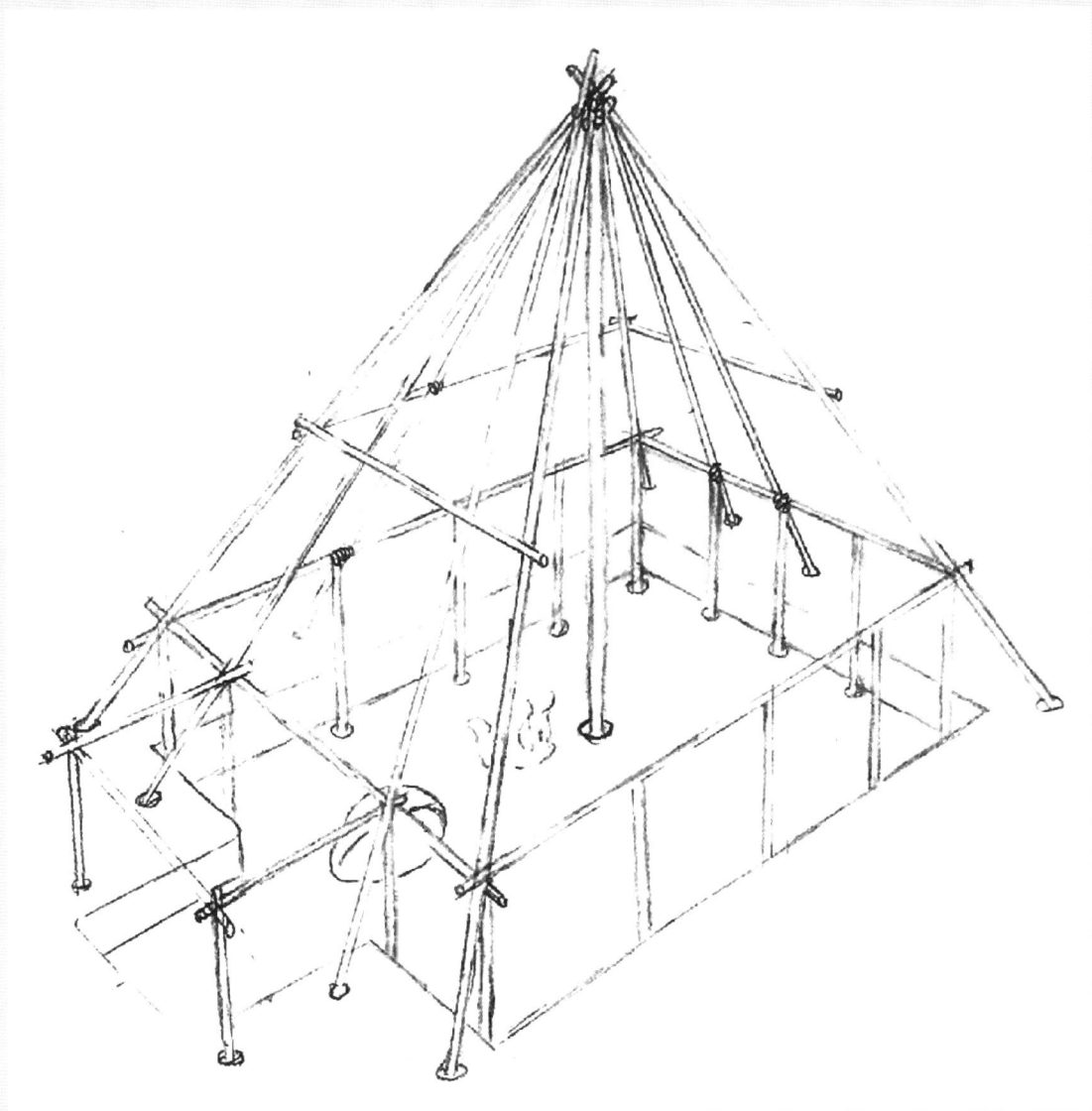

[红山文化房址梁柱复原猜想图]

[马鞍桥山遗址房址出土陶器]

红山人的礼制建筑

除了人们日常居住的小面积房屋，红山文化还发现了面积数十平方米的大型房屋。

大型房屋建筑并不是人们日常生活的居所，而是有特殊功能的公共场所。牛河梁遗址第一地点发现了一组大型房址，经研究，这组特殊的房屋是红山人用来祭祀祖先的"庙"。

1983年，人们在牛河梁遗址发现了这座特殊的建筑遗址，同年考古工作者们开始对它进行发掘。这座建筑也是半地穴式，掩埋在地下5000余年后，只留下0.8米的深度。建筑由南、北两个独立的部分组成。北部的建筑是多室的大型房屋，整体近似一个狭长的"士"字。中室较长，中室之北有一个长方形的北室，中室两侧各有一个外侧呈半圆形的耳室，中室南侧连接一个东西向的长方形南室，各个房间之间是连通的。北部建筑南北总长18米，东西两室长9米，中室宽2米。南部的建筑结构很简单，是一个长方形的半地穴式建筑，长6米，最宽处2.65米。建筑整体面积75平方米。

牛河梁第一地点的这座建筑是目前红山文化发现的结构最复杂的房屋建筑，显然不是人们日常生活的居址。牛河梁遗址是大型祭祀群，大部分遗迹都是祭祀

[牛河梁遗址"女神庙"复原]

[牛河梁遗址"女神庙"全景]

遗迹。第一地点位于牛河梁主梁之上，是众多地点中最特别的。房屋残留的地下部分，发现了当时的墙壁，墙壁上涂抹了多层草拌泥，非常光滑。房屋半地穴的外侧发现柱洞，没发现石头建筑构件，说明房屋整体为木结构建筑。此外，房屋中涂抹的草拌泥也被制作成仿木的建筑构件外形，甚至枋木与橼木以直角相交的榫卯构件也是由草拌泥生动地制成的。这些仿木结构的建筑构件涂了颜料，绘出图案以提升装饰效果，彩绘的颜色多为赭石色，个别有红色和白色。

这组大的房屋被称作"女神庙"，因为"庙"中出土了大量泥质的人体塑像残块，均为女性。这些女性塑像被认为是红山人的祖先，因此这里被称为"女神庙"。

红山人既有适合群居的村落居址，也能建造出规模较大，用复杂的手段装饰的"庙"。红山人的营造技术足以令他们在野兽遍野的自然环境中开辟出安全舒适的家园，繁衍生息，开创文明。

[　牛河梁遗址"女神庙"出土壁画残块　]

[牛河梁遗址"女神庙"出土泥质仿木建筑构件]

▼

足迹　样貌　环境　房屋　餐桌　技艺　信仰　家国　前人　社交　传承　谜题

餐

桌

第五章

红山人的餐桌

人类的衣、食、住、行中，饮食是关系人们生存的最重要的元素，饮食的质量很大程度上决定了人们的健康和体质，也影响了人们的生活质量和幸福感。

　　对于古人而言，饮食取决于生存的自然环境，也取决于人们改造自然的能力。通过饮食，我们可以推测古人的生产力水平、生业模式，了解社会发展程度，以及这种生产力水平是否能支持这个社会进入文明阶段。

　　很长一段时间，受考古发掘资料太少的限制，我们曾认为红山人的生活以打猎、捕鱼、采集为主，只辅有少量的农业，饮食也相对单调。随着近年来红山考古工作的不断推进，我们对红山人的生活有了更正确、详细的认识。虽然生活在没有金属工具的新石器时代，但是红山人仍旧利用各种方式获取多种食物，他们的餐桌很丰盛。

红山人的餐桌

支撑人类生存最重要的食物是主食。作为有机物，食物很难在历经几千年后仍旧完整地保存下来，因此，研究古人的饮食要从多方面探索，细致地提取遗存中微小的信息。

在以土为主要构成的遗存中寻找植物的影子，最实用的方法是浮选法。植物埋在土中成百上千年后，大部分组织已经被分解掉，种子基本都已炭化，变成直径只有几毫米的黑色炭化小颗粒，很难提取，甚至不易被人类肉眼观察到。浮选法的操作过程是在遗迹中采集土样，把土样沉泡在水中，经反复澄滤后，残留的炭化植物种子会浮出水面。经过浮选法，考古工作者们在魏家窝铺遗址中发现了粟、黍、藜属、黄芪、紫苏、狗尾草属、猪毛菜属、茄科、豆科、果实残块等炭化的植物遗存。其中数量最多的是粟，也就是小米，占所有植物的33.7%；黍（大黄米）作为粮食，也占有16.3%的比例。当然，在土样中发现了这么多的植物，不代表这些植物都是红山人有意种植或采

粟和黍

粟和黍是我国北方最重要的粮食作物。早在距今3万—2万年的旧石器时代晚期，人类开始食用野生的粮食。新石器时代早期，黄河流域、西辽河流域、海岱地区发现了粟和黍。距今8000—7000年，人类已经能够驯化粟和黍。进入仰韶时代，北方地区不断"农业化"，粟逐渐代替黍成为人们最重要的主食。

[正在工作的浮选仪]

魏家窝铺遗址浮选出土植物种子统计表

植物种属	绝对数量	数量百分比
粟（*Setaria italica*）	33	33.7%
黍（*Panicum miliaceum*）	16	16.3%
藜属（*Chenopodium*）	13	13.3%
黄芪（*Legumenosae*）	3	3%
紫苏（*Perilla frutescens*）	1	1%
狗尾草属（*Setaira*）	24	24.6%
猪毛菜属（*Salsola*）	1	1%
茄科（*Solanaceae*）	4	4.1%
豆科（*Leguminosae*）	2	2%
果实残块	1	1%
合计	98	100%

[魏家窝铺遗址浮选出土植物种子统计表]

[魏家窝铺遗址出土炭化粟]

[魏家窝铺遗址出土炭化黍]

[魏家窝铺遗址
植物类食物构成示意图]

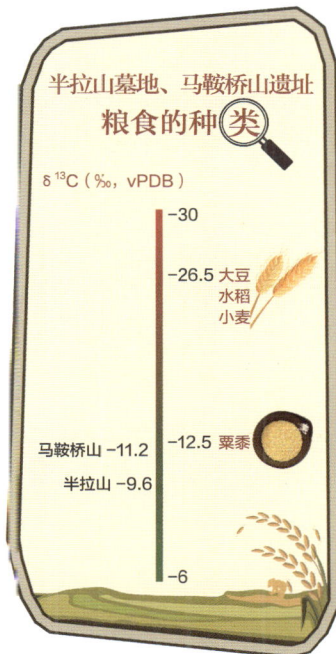

[半拉山墓地、马鞍桥山遗址
粮食种类示意图]

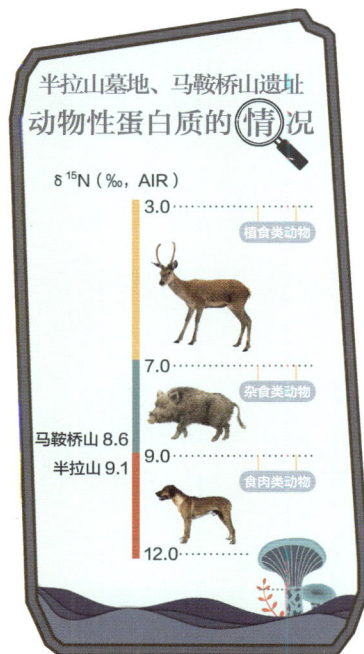

[半拉山墓地、马鞍桥山遗址
动物性蛋白质情况示意图]

集来当作食物的，但能从一定程度说明，粟、黍一类食物已经出现在红山人的生活中，并且数量很多。

更加精确地观察人们饮食的方法是稳定同位素分析。根据光合作用途径的不同，农业生产中最常见的植物可分为C3植物和C4植物。前者的碳同位素 $\delta^{13}C$ 值比较低，平均值为−26.5‰，主要代表是水稻、小麦、豆类等。后者的 $\delta^{13}C$ 值较高，平均值为−12.5‰，主要代表是粟、黍、玉米等。在食物链中，当植物被人类食用，这种差异就会在整个食物链中传递，植物中的碳元素经过人类的消化吸收转化成为骨骼胶原中的碳。人类骨骼中就会出现与所食植物对应的 $\delta^{13}C$ 值，通过这种方法可以推测出人是以C3植物或C4植物为主食。于是，考古工作者们采集了半拉山墓地和马鞍桥山遗址的人骨，在他们的股骨中提取碳同位素，测试结果显示，半拉山墓地人骨中的 $\delta^{13}C$ 值为−9.6‰，马鞍桥山遗址人骨中的 $\delta^{13}C$ 值为−11.2‰，明显偏向于C4植物。有了这个明确的分析结果，再结合浮选种子的结果，我们可以得出这样的结论，红山人的主要食物是粟和黍。

主食之外，红山人也有副食。魏家窝铺遗址浮选出的多种植物种子，其中猪毛菜、紫苏、豆、果实都是可以作为食物食用的。近年来，牛河梁遗址第一地点发现了山核桃和山杏的果实，坚果、水果也被端上了红山人的餐桌。

除了植物类的食物，红山人的动物类食物更加丰富。同样通过对人骨同位素检测，我们也可以获取古人是以肉食为主还是以素食为主的信息。不同的营养级之间氮同位素有富集现象，也就是说动物的骨胶原中的 $\delta^{15}N$ 比它吃的食物要多。一般而言，食草类动物骨胶原中的 $\delta^{15}N$ 为3‰—7‰，杂食类动物的 $\delta^{15}N$ 为7‰—9‰，食肉类动物的 $\delta^{15}N$ 为9‰—12‰。经检测，半拉

[粟（小米）]

[黍（大黄米）]

山遗址红山人骨中的 $\delta^{15}N$ 的平均值为9.1‰，略偏向食肉类动物；马鞍桥山遗址红山人骨中的 $\delta^{15}N$ 平均值为8.6‰，属于杂食类动物范畴。由此可见，红山人的餐桌并不"素"，他们讲究"荤素搭配"，甚至更偏向荤食。

红山文化各个遗址出土的动物骨骼证明了这个观点。鹿、狍子、猪、狗是红山文化遗址中常见的动物骨骼，仅鹿类就有梅花鹿、马鹿、斑鹿等多个品种，当然这些动物也是红山人餐桌上的美食佳肴。除此之外，獐子、野兔、熊，甚至鼢鼠，也有可能让红山人大快朵颐。除了陆地上的动物，红山人的食谱中还有大量鱼、蚌、螺类食物，可谓种类丰富齐全。

红山人的农业

以粟和黍为主食的餐桌背后，是具备一定规模的农业，单纯的采集并不能满足人们以粮食为主食的需求。魏家窝铺遗址浮选出的粟和黍的种子与现代人工培育的基本一样，说明红山人已经具备了人工种植粟和黍的技术。

红山人种植粟和黍并非简单地把种子撒进土地里，然后坐等收获，将收成全部寄托于大自然的惠赐。红山人已经掌握比较成熟的粮食种植技术，内蒙古巴林右旗那斯台遗址、林西县水泉遗址、敖汉旗白音长汗遗址、四棱山遗址、翁牛特旗草帽山遗址、二道窝铺遗址、克什克腾旗南台子遗址、元宝山哈喇海沟遗址、辽宁喀左小东山遗址、牛河梁遗址等各个阶段、数量众多的红山文化遗址都出土了石制的农具，说明农业生产在红山人的社会是一项普遍的生产活动。

红山人很重视农业生产，他们的农具采用坚硬的玄武岩、凝灰板岩、砾石、页岩等作为原料，制作精良、磨制精细、造型流畅。马鞍桥山遗址的一个祭祀坑中发现了成组的农具，包括石耜、石铲、穿孔石刀、石磨盘和石磨棒等，这说明红山人的农业生产程序比较复杂，分了若干步骤，农业生产技术达到了一定的高度。

铲是翻土工具，前端弧，中部呈亚腰形。耕地之初，农民用石铲翻土，将大土块铲碎。耜是中耕工具，前端尖，中部宽，整体呈桂叶形，形态比较大，长度多为20—40厘米。耜用于播种前，用它尖的一端插入土中翻土，可以起到后代犁铧的作用，将土地翻出垄沟来。翻动土壤，可以将地表下面的土翻到上边来，不但能提高土壤的肥力，还能保护土壤。耜的出现说明红山人的农业已经脱离了刀耕火种，向精细的传统农业迈进。穿孔石刀是收割工具，呈半月状，刃部平，背部弧，背上有两个穿孔。使用时在这两个孔中系入绳子，农民的手指穿过绳子，可以更轻松地持握石刀，然后将穿孔石刀像镰刀一样使用，收割粮食。磨盘和磨棒是加工粮食的工具，石磨盘一般呈圆角长方形，中部凹下，两端翘起；磨棒呈棒状。粟和黍的籽外边有硬壳，如果做成粮食必须晾干后给谷物脱壳。将晾干的谷物放在磨盘上，再将磨棒横扫在磨盘上，用力碾压，将谷物脱壳。

1

2

4

3

[　马鞍桥山遗址出土农具　]

1. 石耜　2. 石铲　3. 石磨盘、石磨棒　4. 涂朱石耜

不同的农具代表农业生产中不同的流程，农具种类越多，说明农业生产步骤越复杂、生产技术水平越高、农业技术越先进。马鞍桥山遗址是红山文化早、中期遗址，同时出现这些工具，说明红山人的农业技术已相对成熟。

不仅如此，马鞍桥山遗址的成套石制农具出土于祭祀坑中，除了成套的农具，坑中还出土多件成对的彩陶器及表面涂有朱彩的石耜。这种现象说明红山人对农业生产的重视，农业已经成为祭祀的一部分。

红山人的渔猎采集生活

有了固定的农业生产提供粮食保障，便可能有剩余的粮食，于是红山人开始尝试驯养动物。牛河梁遗址出土了大量动物骨骼，经鉴定，狗是被驯养的。人们驯养狗除了辅助狩猎、看家护院之外，也有可能是为了食用。此外，东山嘴遗址出土的猪的骨骼具备一定的家猪特征，红山人也有驯化猪的可能。以上情况均能说明，红山人已经开始有意识饲养动物，以获取肉类食物。

红山人驯养家畜还处于起步阶段，更多的肉食类食物还要依靠狩猎和捕捞获取，所以我们在红山文化遗址中发现了很多石球、石镞、网坠等渔猎工具。石球的数量比较少，只有白音长汗遗址、哈喇海沟遗址、牛河梁遗址等出土，使用时可以直接掷出，也可以用兽皮或麻布做成一个系着绳索的兜，将石球兜在其中，以离心力掷出去；对于远距离捕猎，红山人更习惯用弓箭，二道岗遗址、那斯台遗址、红山后遗址、马鞍桥山遗址等都出土了石镞。石镞属于细石器，细石器是一种更加精细、小巧的石器，通过敲击，从坚硬、细密的燧石或者石英石上剥离下薄石片，再轻轻敲击或用鹿角一类软的工具修整石片边缘，将石片做成箭镞。

处于降水丰沛的时期，红山人的餐桌上当然少不了鱼类等水产食品。白音长汗遗址和牛河梁遗址的鱼骨、河蚌壳，马鞍桥山遗址中成堆出现的中华圆田螺壳都说明了红山人对水产的偏爱。网坠、鱼镖、鱼钩等渔猎工具则证明了人们获取这些食物的方式。结网捕捞是效率最高的捕鱼方式，网坠可以是石制的，也可以是陶制的，一般呈梭形，系在渔网边缘，帮助渔网下沉；鱼镖和鱼钩一般用动物

[　马鞍桥山遗址出土石镞　]

[　牛河梁遗址出土石球　]

[　调查采集陶网坠　]

[　马鞍桥山遗址出土穿孔石刃　]

骨骼磨成倒刺状，方便挂鱼饵。

　　红山人用辛勤的劳作，改进着生产技术和生业模式，进而丰富他们的餐桌。红山人的餐桌充满了烟火气息。

[　牛河梁遗址采集石镞　]

技艺

红山人的技艺

依靠丰富的自然资源，发展了先进的农业、掌握了建房取暖的方法，红山人的基本生存得到了保障，于是他们中的一部分人开始潜心钻研手工艺，制作工具和祭祀用品，既方便生活，也能展示审美。红山文化遗址中出土的大量陶器、石器、玉器，都展现了红山人高超的手工业技术。

抟土为器

彩陶

彩陶以赭石、氧化锰、瓷土等天然矿物为颜料，在未经烧制的陶坯上绘画出纹饰，再入窑焙烧。烧成之后陶器表面会形成红、黑、白等颜色的图案。彩陶是人类进入新石器时代的一项重要发明和技术创新，说明人类可以利用化学反应制造器物。

中华民族有百万年人类史、1万余年文化史、5000余年文明史。陶器是人类告别旧石器时代，从蒙昧走向文明途中的一项重要发明。制作陶器说明人类能轻松驾驭火，陶器的出现意味着人类有了炊具、饮食器具，可食用更多样的食物，饮食的方式也发生了巨大变化，人类的体质随之增强。

陶器是考古学最重要的研究对象之一，对考古学有着特殊的意义。经过数千年的岁月掩埋，古人使用过的有机质遗存只有少数能保存下来。易保存的文物中又有铜器、金银器、玉器等只有少数人才能使用的珍贵器物，限制了我们全面了解古代社会。而陶器则普遍流行于各个时代、同一时代社会的各个阶层，而且因为易碎有损耗，陶器的数量往往比其他类型文物多，变化也更丰富，所以了解陶器能更直观地了解一个考古学文化，以及创造它们的人。

不同的人群制作和使用的陶器在造型、装饰风格、制作方法上都有所不同。红山人的陶器种类有罐、钵、瓮、壶、杯、盘、盆等生活用器，也有筒形器、塔形器等祭祀专用陶器，还有斜口器这种未知用途的器物。按质地划分，红山人的陶器可分为夹砂陶和泥质陶两大类。夹砂陶的胎土中掺入一些砂粒，增加陶器的坚固程度。红山人日常生活中最常用的陶器是夹砂"之"字纹平底筒形罐。"之"字纹平底筒形罐是新石器时代东北亚地区普遍流行的一种陶器，红山文化之前，生活在辽西地区的兴隆洼文化和赵宝沟文化的居民也使用这种陶器。泥质陶的陶质比较疏松，不适合用作日常的炊煮器，但它们是红山文化有别于其他考古学文化的特殊陶器，尤其是筒形器和塔形器，这两类器物只出现在积石冢、祭坛、祭祀坑等祭祀遗迹中。

[　牛河梁遗址出土陶钵　]

［　牛河梁遗址出土"之"字纹平底筒形罐　］

[　牛河梁遗址出土筒形器　]

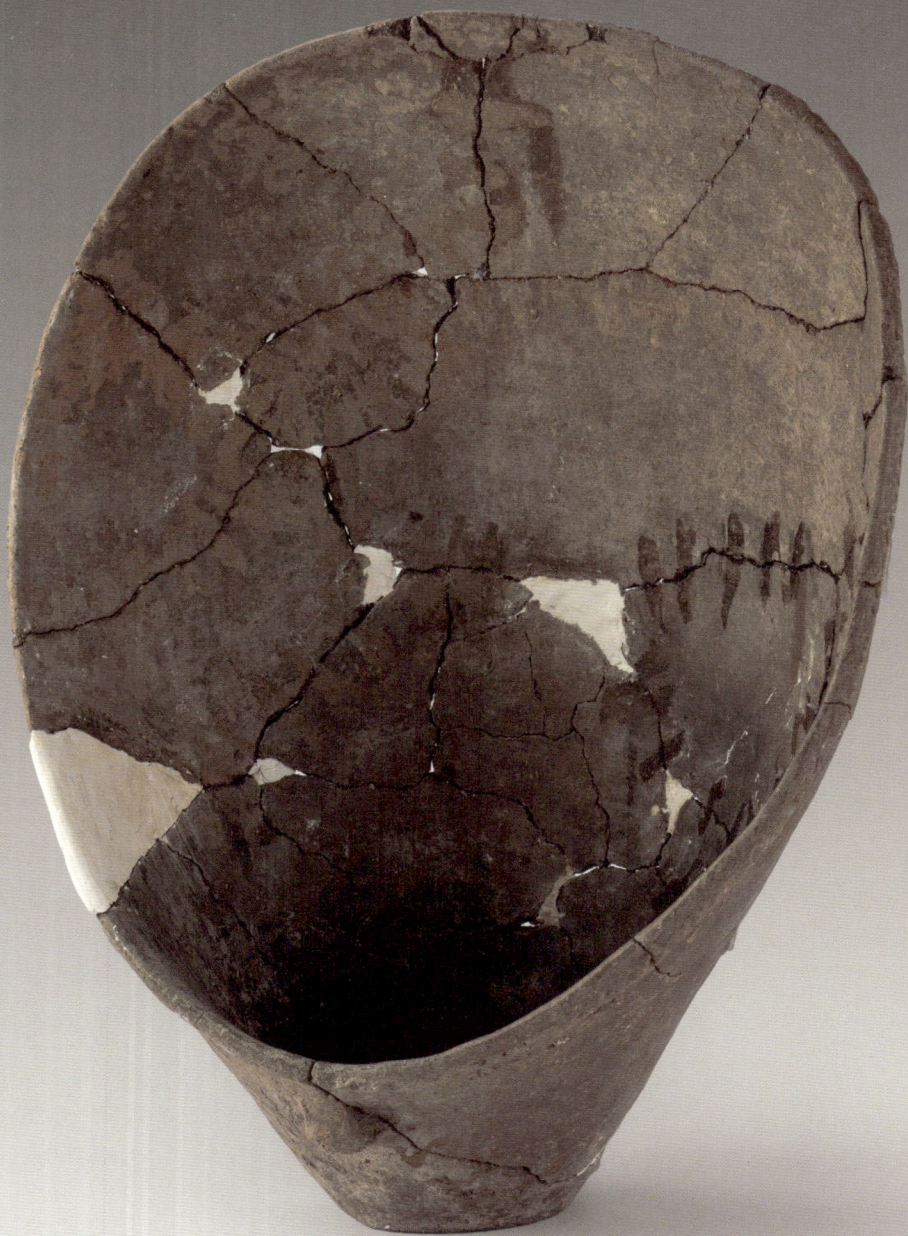

[马鞍桥山遗址出土斜口器]

[马鞍桥山遗址出土夹砂红陶碗]

制作陶器有选淘陶土、制作陶坯和入窑烧制三大程序。红山人制作陶器一般就地选取陶土，经过淘澄，再制成陶坯。

红山人有三种制坯方式，分别是捏制法、泥条盘筑法和泥片贴筑法。捏制法指工匠用手捏成陶坯，这种方法用于制作器形简单的小型陶器，比如小陶杯、小陶碗等；泥条盘筑法是新石器时代广为流行的陶器制坯方式，将陶泥做成长条状，一圈圈地盘起来，盘成陶器的雏形，再用拍打、捏合等方式加固、抹平表面，这种方法适合形体较大、造型比较复杂的陶器；泥片贴筑法出现在新石器时代早、中期，具体方法是将陶泥做成片状，再把陶片加工成陶器各个部位的形状，之后把每个部位套接在一起，最后再加固。

陶坯制作好之后，人们还会依照自己的审美喜好在陶器表面做加工和装饰。红山人装饰陶器有两种方式，一种是利用工具直接在陶器表面刻划、压印施纹，比如用片状工具的一端在平底筒形罐上左右摇摆施刀压印，形成一周密集的折线，好像"之"字的纹饰，这就是红山文化最典型的"之"字纹。或者用尖状的

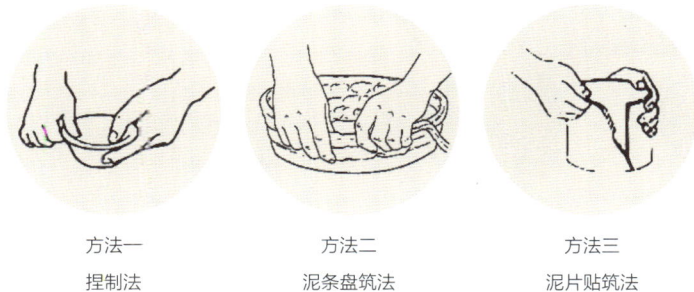

方法一　　　　　　　方法二　　　　　　　方法三
捏制法　　　　　　泥条盘筑法　　　　　泥片贴筑法

[陶器制作方法示意图]

工具在陶器表面划出曲线、直线，这是各个时代都很常见的刻划纹。红山人的另一种装饰陶器的方式是制作彩陶，在陶坯做好后、入窑烧制前，用含铁锰结核的黑色颜料在陶器表面画出图案来。彩陶是新石器时代仰韶文化的特色，在距今7000—5000年，整个黄河流域、北方地区、长江流域部分地区都盛行彩陶，俨然成为一个时代的风格，因此，我们只能通过纹饰和器形的不同来区分不同彩陶的制作者。红山人通过与黄河流域居民交流学会了彩陶的制作方法，他们制作的彩陶纹饰主要有模仿龙鳞的垂鳞纹，像漩涡一样的涡纹，斜线、钩状的简单几何纹等。单调的陶器上施加纹饰后，不仅美观生动，更展示了红山人与其他人群不同的审美，让我们在浩瀚的历史尘埃中，仅凭小小的陶片就能寻觅到他们曾经的足迹。

[套接痕迹]

[抹平痕迹]

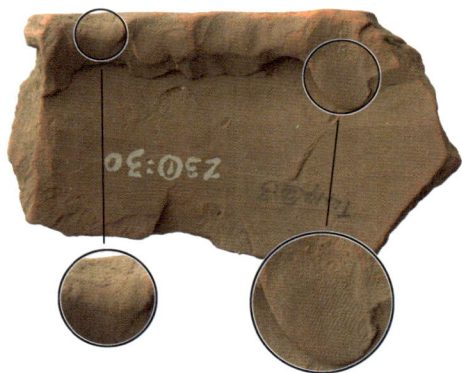

[红山人的指纹]

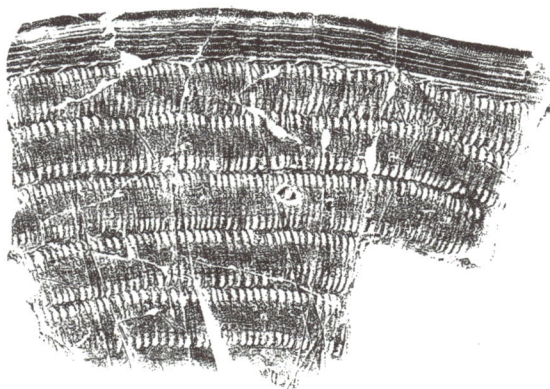

[陶器上的"之"字纹拓片]

东方既白
生生不息的红山人

088

[　牛河梁遗址采集彩陶片　]

第六章

红山人的技艺

089

[文物保护工作者修复红山文化陶器]

[　上机房营子红山文化陶窑　]

制作陶器的最后一个流程是入窑烧制。新石器时代早期，人们只能在野外生火烧陶坯，这样原始的方式燃烧不充分、不均匀，能提供的温度不足，所以烧出的陶器质地疏松。后来人们掌握了入窑烧制技术，建造一个封闭的空间，把火温贮存在窑内，极大地提高了烧造的温度，从而提高了陶器的硬度。考古工作者们在内蒙古自治区四棱山遗址和上机房营子遗址发现了红山人烧制陶器的窑。红山人的陶窑是在地面上挖出近圆形的窑室和火膛，窑室的内壁涂抹上掺了砂的草拌泥。红山人将制作好的陶坯放在室外晾晒后，放到窑室里，再用泥把窑室封好，然后向火膛里投入燃烧的柴。火膛是一个漫坡，和窑室相连，火在火膛里燃烧，热量便通过漫坡进入窑室，而窑室是封闭的，火不断燃烧时，窑室也不断升温。高温作用之下，陶坯的水分被完全蒸干，铁元素经过了氧化反应，烧制过程中碳也渗入了陶坯中，于是，坚硬的陶器最终成型了。

如琢如磨

红山文化处于新石器时代的中晚期。简单来说，旧石器时代与新石器时代的区别是，前者只有打制石器，后者开始使用磨制石器。事实上，即便进入了新石器时代，人们仍旧普遍使用锋利的打制石器作为工具。除此之外，红山人还偏好细密精巧的细石器。

红山人的砍砸器一类工具，保留了打制石器的制作方式。此外，制作石斧、石凿、石磨盘、石铲等大型工具的第一步，也是用打制的方式制作出石器的雏形，

[锤击法剥片痕迹]

再精细地琢磨出细节或局部，最后借助泥水，用织物和兽皮反复摩擦抛光，最终磨出光滑的表面，这便是磨制石器。制作打制石器，首先要从选好的石材上剥下石片，石片可以做成刀一类尖锐锋利的工具，剩下的石核部分可以做成大型石器。石器时代，从石核上剥下石片的方法有锤击法、砸击法、碰砧法、间接打击法、手压法和胸压法等几种常见的方式。锤击法比较简单，选一个石锤一样的工具击打石核，剥下石片，再轻轻锤击石片或石核的边缘，修整石器的形状。砸击法是把石核放在一个大石砧上，再用一个大石锤砸向石核，石核上下两个方向受力，很容易剥下石片。碰砧法需要双手持石核，用力碰撞大石砧，崩落石片，这种方法适合剥离大石片，但不容易控制力度，所以剥落的石片的形状往往不太规则。间接打击法与之相反，是精细的剥片方式，这种方法不是用石锤一类的工具直接锤击石核，而是要选择一个间接的媒介工具，比如带尖的小石块、木块、动物骨角，将尖部对准石核，再用石锤给带尖的石块、木块、动物骨角施力，使锤击的力量更精准地作用在石核

[马鞍桥山遗址出土石锤]

[马鞍桥山遗址出土细石核]

[马鞍桥山遗址出土石叶]

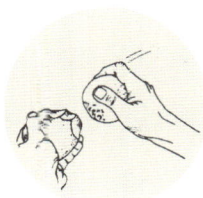

1. 锤击法剥片

2. 砸击法剥片

3. 碰砧法剥片

4. 间接打击法剥片

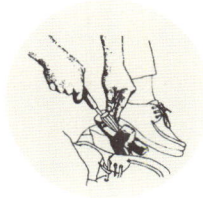

5. 压制法—手压法剥片

6. 压制法—胸压法剥片

[石器剥片方法示意图]

[琢制的磨棒]

[表面磨光的石锛]

[磨制的石斧]

的一个点上。间接剥片法配以石质细密的玛瑙、燧石等，可以剥下又薄又长又规整的三角形或长条形石片，这种又小又精细的石片可以加工成刀片、箭头等工具，这类石器被称为细石器。手压法和胸压法剥片，也可以剥下细薄的石片，这两种方法都是使用端部有尖的精细工具，对准石核，运用人的身体发力，剥下石片。红山人最常用的剥片方式是锤击法剥片和间接打击法剥片。

剥片之后，还要分别加工石核和石片，修整出工具的雏形。如果制作石磨盘、石磨棒一类用于碾压研磨谷物的工具，需要摩擦力，就要在修整好的工具上进行琢磨，打磨出均匀且不光滑的表面。如果制作石耜、石刀、石锛等工具，不仅需要刃部锋锐，薄厚均匀，还要造型规范，这时便要对石器进行磨制抛光，使其表面光滑。

可以攻玉

古人将加工玉石称为"治玉"。中国人的治玉历史可以上溯到新石器时代早期，距今9000年的黑龙江省饶河县的小南山遗址出土了目前考古发现年代最早的玉器。距今8000年，分布于辽宁省西部和内蒙古自治区东南部的兴隆洼文化也能生产出玦、匕等玉器。《山海经》中记载我国玉产地有百余处，玉名也有100多个，而红山玉器是我国最负盛名的玉器之一。

玉器是红山文化最具代表性的遗物，考古发掘出土的红山文化玉器有300余件，种类丰富，造型多样，有人、龙、凤、龟、蚕、草虫等仿生器，还有玉璧等礼器，以及斜口器等用途不明的玉器。红山文化的玉器数量多、种类丰富，做工精湛、造型精美，不仅能作为装饰品用，更有"礼器"性质。玉器中，无论是写实的动物造型，还是抽象的变形雕琢，无不展示了红山先民对大自然细致入微的观察，他们以最精湛的技艺和高超的智慧，表达了对大自然的尊崇与敬意。

[牛河梁遗址出土玉草虫]

[牛河梁遗址出土玉龟]

莫氏硬度又称摩氏硬度，是衡量矿物硬度的标准，1882年由德国矿物学家腓特烈·摩斯提出。莫氏硬度将矿物硬度分为十个等级，每一级的代表物质分别是滑石（1级）、石膏（2级）、方解石（3级）、萤石（4级）、磷灰石（5级）、长石（6级）、石英（7级）、黄玉（8级）、刚玉（9级）、金刚石（10级）。中国将传统的玉分为软玉和硬玉，软玉的硬度一般为莫氏硬度5.6—6.5，包括白玉、黄玉、青玉、碧玉、墨玉、花玉和瑭玉等；硬玉指翡翠，莫氏硬度为6.5—7。

古人云"石为玉之源，玉为石之精""玉，石之美者"，作为石头，玉的硬度很高。红山玉器的选料多为辽宁岫岩的透闪石类玉材，莫氏硬度为5.5—7。在没有金属工具的新石器时代，红山人是如何将如此坚硬的玉石雕琢成造型生动、线条流畅的玉器的呢？

红山玉器的制作过程可分为切割开料、设计描绘、初定器型、打孔镂空、精细雕琢和研磨抛光等几个步骤。切割开料、打孔镂空这几个看似需要更加坚硬的工具才能完成的步骤，只需利用小小的砂砾和水就能完成。在不断的探索中，红山人发现了自然界中比玉石还坚硬的物质——石英砂。河漫滩上隐藏着无数看似微小，硬度却能达到7.5的石英砂颗粒，显微镜下观察，它们棱角分明，适合研磨他物。红山人用绳子、木片、木杆、竹管、草管等有机质材料蘸上水和砂子，反复研磨，使砂砾在玉料表面来回刮擦，形成凹槽或凹坑。当人们想将一块大的玉料切割开时，就用木片蘸水和砂子来回摩擦切割，直到把玉料切断，这种工艺被称作"片切割"；如果要在玉料上钻孔，就用木杆、竹管、草管蘸水和砂子反复旋转，这便是打孔镂空，也可称为"管钻"；制作玦一类有缺口的器物时，便用绳子勒紧

[红山文化片切割技术实验]

[管钻后的玉芯]

[红山文化玉器的线切割痕迹]

[红山文化玉斜口器的对钻镂空痕迹]

玉料左右拉拽，达到切割效果，这种工艺被称作"线切割"。初定器型、精细雕琢等步骤则是选用坚硬的带尖锋的工具雕琢玉器的细微之处。研磨抛光是在玉器整体造型、细部全部制作完成后，用兽皮反复摩擦玉器表面，使之最终呈现出光泽。

比红山文化更早的小南山遗址、兴隆洼文化虽然也都以治玉而闻名，但这些遗址和考古学文化出土的玉器大多为玉玦、玉管、玉匕等器型简单、形体较小的装饰品。与前人相比，红山人制作的玉器造型更丰富、生动，装饰技法更多、更复杂。最能代表红山人高超治玉技术的工艺有圆雕、减地阳起、掏膛取芯等。

圆雕工艺的代表器物是玉猪龙、C形龙、玉龟、玉蚕等仿生玉器。采用圆雕技术，将玉器打造出完全立体的造型。这种工艺打造的玉器，造型生动，极具写实风格。减地阳起是一种特殊

1.片切割   2.打磨   3.钻孔   4.钻眼

5.线切割   6.刻线   7.抛光   8.成品

[玉猪龙制作流程示意图]

又高超的推磨工艺，通过徒手在玉料上反复摩擦，在玉器上形成高于表面的凸棱的效果，形成立体层次感，在光线的照射下，三器形态变幻，精美绝伦。勾云形玉佩和玉臂饰上的瓦楞纹就是典型的减地阳起施纹方式。掏膛取芯也是一种特殊的工艺，主要用于玉斜口器的制作。斜口器是一种用途尚不明确的特殊玉器，器型较大，呈圆柱状，中空，薄壁，一端略宽大，为敞开的斜口，另一端口平直，口沿处有对称的两个穿孔，有的出土于墓主人的头顶，形状也比较像束发的冠。它的制作方法是，先把玉料加工成圆柱形，再用木杆做一次上下对穿的镂空，通过镂孔沿着圆柱内缘用线切割的方法将圆柱中间的芯部分割下来。这种工艺对工匠的技术要求极高，既要掌握多种技巧，又要操作精准。

红山人高超的治玉技术不仅展示了他们的心灵手巧和聪明才智，更对当时社会产生深远影响。距今6000—5000年，玉器在全国范围内广泛流行，大量工艺复杂的精美玉器被当作礼器使用，礼玉文化就此形成，强有力地推动了文明的进程。

[红山文化玉器的减地阳起工艺]

▼

足迹　样貌　环境　房屋　餐桌　技艺　信仰　家国　前人　社交　传承　谜题

信仰

第七章

红山人的信仰

遥远的新石器时代，由于生产力低下，人们认为春夏秋冬更迭，风雨雷电交替，都源自万物有灵，大自然变幻莫测，生存的未知陷于神秘的天地之间。原始社会中人们对世界的认知充满了敬畏，对大自然产生精神寄托。

　　红山先民生活的辽西地区，属于旱作农业区，进入农耕文明的红山人，已有了原始的崇拜观念，人们崇拜祖先、敬畏天地，形成朴素的原始信仰。

　　考古工作者们通过对牛河梁遗址的发掘、解读，并结合后世的文献记载，推测红山文化有"敬天""礼地""法祖"等礼仪行为，这些行为的背后是红山人敬畏天地、崇拜祖先的精神信仰。

"敬天礼地"的行为与天地崇拜

在新石器时代，"敬天礼地"是相对"高级"的信仰，这种信仰代代相传，并且在后世有了明确的文献记载，成为礼制的开端。

红山人的"敬天礼地"行为出现在红山文化中晚期。以红山文化晚期社会的中心——牛河梁遗址为例，红山人在高高的山脊之上砌石为坛、筑屋为庙、积石为冢，来祭祀天地和祖先。

牛河梁遗址位于辽宁省建平县和凌源市交界处，地处大凌河水系的上游地区，努鲁尔虎山东南侧丘陵地带。遗址从东北到西南绵延10余公里。在梁顶、周围各山梁上遍布红山文化遗址，目前共计发现67处，占地总面积达50余平方公里，是迄今发现规模最大、遗存最丰富的红山文化遗址群，年代距今5800—5000年，属于红山文化的中晚期。

[牛河梁遗址已命名地点分布图]

从遗址发现伊始的1981年至今，考古工作者们陆续发掘了牛河梁遗址第一、二、三、四、五、十、十六等几个地点，皆位于山岗顶部。在50余平方公里的遗址范围内分布了恢宏的"女神庙"、壮观的积石冢和祭坛。这里是红山先民的祭祀礼仪活动中心。

祭坛是红山人祭天的场所。牛河梁遗址有2处祭坛，分别位于第二地点和第五地点。第二地点是牛河梁遗址规模最大的积石冢群，祭坛的规模也最大。第二地点东西横向排列4组积石冢和1个祭坛，祭坛位于正中位置，另外还有一座积石冢位于祭坛的正北侧。

祭坛是一座三重圆形石坛，平面为正圆形，空中鸟瞰呈三个同心环状，直径22米，侧面形似阶梯，层层高起。修建祭坛时，红山人先在地面垫起一层土台，再在垫土上堆石为坛。石坛每一重的边缘整齐地垒砌形状规则的石块，我们称其为"界桩"。界桩之内，铺放石块。远远望去，石坛的造型犹如后世的圜丘。界桩之内整齐地环放了一圈紧密相连的筒形器，石坛之上则放置了特殊的塔形器。

筒形器和塔形器是特殊的彩陶，它们没有实际的用途，因此，它们的质地与用于炊煮饮食的陶器不同，是一种比较疏松的偏红色的陶，颜色鲜艳，陶器上还有复杂的彩绘纹样。顾名思义，筒形器的形状像圆筒，只是没有底，上下相通。这样的

祭祀活动

红山人的祭祀活动，可以在数千年之后的文献中，寻到蛛丝马迹。《礼记集解》中有"天神在上，非燔柴不足以达之；地示在下，非瘗埋不足以达之。人鬼在天地之间，郁鬯芬芳，其气从乎阳而上升，其质达乎阴而下润，故灌用郁鬯，所以求诸上下之交也"的阐述。牛河梁遗址、马鞍桥山遗址等发现的地表燎祭、瘗埋等现象很可能就是文献中记载的祭祀留下的遗迹。

[　牛河梁遗址第二地点出土筒形器　]

牛河梁遗址第二地点出土塔形器

[　牛河梁遗址第二地点1号冢北侧冢界墙的筒形器　]

形状好像专门祭祀天地的礼器玉琮，密集地环绕祭坛，显然是祭祀用的礼器。塔形器的形状像塔，下部有覆盆状的底座，中部有两层镂孔，顶部为两个筒。复杂的造型，一样可以上下相通。筒形器和塔形器是红山人祭天的重要媒介，一半埋在土里，一半露在坛上，上下通连，仿佛可以通达天地。

　　自古以来，中国人尊崇天地，并且以祭祀的形式表达尊敬和信仰。《周礼》《礼记》等文献记载了祭祀的对象和方式。祭祀天的礼仪称为"燎祭"，祭祀大地的方式为"瘗埋"。"燎祭祀天""瘗埋祭地"这些被文献记载的古老礼仪，我们在更遥远的红山文化时期也能寻觅到痕迹。

[　马鞍桥山遗址燎祭现场痕迹　]

近年，考古工作者在牛河梁遗址第一地点的3号台基发现了经过火烧的炭化栎果、胡桃和玉料。《诗经·大雅·旱麓》中"瑟彼柞棫，民所燎矣"的句子说明，人们砍下柞树、棫树，作为燎祭的柴薪。柞是栎的通称。因此，牛河梁遗址"女神庙"旁，高大的台基上发现的火烧过的栎果、胡桃和玉料，应为"燎祭"，也就是祀天留下来的痕迹。其他红山文化遗址中，也残留过"燎祭祀天"的痕迹，可见祭祀上天是红山人的普遍行为。

同样在牛河梁遗址第一地点的3号台基，台基的垫土层中出土了大量陶片，经拼接修复后，有大型的彩陶缸、彩陶钵、筒形罐、灰陶钵、圆陶片等。将具有仪礼属性的彩陶器埋藏在高台的土中，是显而易见的"瘗埋"行为，这里很可能是红山人"瘗埋祭地"的遗迹。

遥远的新石器时代，受认知和生产力水平的限制，人们不能抵御大自然带来的灾难，对大自然的索取也很有限，人们对自然敬畏、向往，渴望与天地沟通，祈求风调雨顺，这就是红山人的信仰。

[牛河梁遗址第一地点3号台基发掘现场]

[牛河梁遗址第一地点3号台基出土陶器]

"灵魂不死"的观念与祖先崇拜

祖先崇拜是原始社会人类常见的信仰，人们的精神世界中有"灵魂不死"的观念。人的灵魂并不会随着肉体的死亡而消散，而会以另外一种状态继续存在于这个世界。因此原始社会的人们会对祖先产生敬仰与崇拜的情感，期冀祖先的灵魂会保护、庇佑后代。

距今8000年，对红山文化产生深远影响、创造了辽西地区第一个繁盛考古学文化的兴隆洼人，也有这样的观念和信仰。他们以一种特殊的埋葬死者的形式——居室葬，来表达对前人的情感。有着"中华第一村"之称的辽宁阜新查海遗址，是一处典型的兴隆洼文化遗址。遗址中发现了6座居室墓。顾名思义，这些墓葬位于房屋居室里。查海人去世后，亲人会在房屋居室的一个角落里营造墓葬，将死者下葬，把墓葬填平后再把房屋的地面重新修整踏平。之后，人们仍旧在这间房屋内生活如常，与死者共处一室。这种现代人看来匪夷所思的习俗在查海人的观念里是一种独特的文化，承载着查海人的信仰，映射了他们的世界观。

红山人继承了查海人崇拜祖先的信仰，他们表达这种信仰的方式更加直观。红山先民将逝去的前人安葬在视野开阔、仰之弥高的山岗顶部，以精美珍贵的玉器为随葬品，再在墓葬之上修建恢宏的积石坛，祭祀天地的同时也祭祀祖先。

红山人用石雕和陶塑做出祖先的形象，以偶像的方式崇拜祖先。这种制作人像的传统同样由来已久，红山文化之前，活跃在辽西地区的兴隆洼文化遗址、小河西文化遗址中，都出土过石雕和陶塑人物形象。进入红山文化时期，祖先崇拜日趋成熟。

辽宁朝阳马鞍桥山遗址出土了一件石雕踞坐人像，是目前发现的最小的红山文化人像。人像长0.9厘米、宽0.6厘米、高2.4厘米。石像表面打磨光滑，通体黑色，色泽莹润。以简洁的沟槽、镂空、穿孔刻画出一位踞坐人的形象。人像头部呈椭圆形，五官模糊，脑后凸起似为发髻。双臂前伸，手部应置于小腹处。双膝弯曲，臀部坐于脚踵上。背部有一横穿孔，既表现出背负物品的状态，又让人像直背挺胸平视的姿态更为逼真。

[马鞍桥山遗址出土石雕人像]

1963年，考古工作者首次发现了红山文化人形造像。它出土于内蒙古自治区赤峰市西水泉遗址，是一件仅存半身的女性陶像，残高3.8厘米，底部直径2.1—2.3厘米，头部缺失，双乳突出，腰部纤细，形态写实。

在辽宁，考古工作者发现了上百件新石器时代的人形造像，多数属于红山文化。这些造像大多为圆雕，既有全身像，也有半身像，有的只有头像，大的有数倍真人之巨，受人们顶礼膜拜，小的不过指节之微，可作为人们的装饰品。红山

[兴隆沟遗址第二地点出土陶人像]

文化中的各个遗址中，出土人物造像数量最多、种类最丰富的是牛河梁遗址，一共有5处地点出土泥质、泥质红陶、玉石等各种质地的人像，造型或逼真繁复，或简单拙朴。

牛河梁第一地点由多个大型台基组成，其中一个台基上坐落着著名的"女神庙"。"女神庙"位于牛河梁主梁之上，是一座半地穴式建筑，由南北两座房址组成。北室出土了大量泥塑造像残块，包括分属8—9个不同个体的泥塑人像残件，大小不一，最大的约为真人三倍大小，最小的也与真人大小相仿，有头部、鼻、耳、乳房、手臂、手等部分。其中最为重要的是一个真人大小的女性头像。头像面部保存完好，镶嵌淡灰色圆饼状滑石作为眼睛，形象逼真，是典型的中国人形象，属蒙古人种。著名考古学家苏秉琦将她称为"中华共祖"，"女神庙"也因此得名。红山人以巨大的人像赋予祖先神性。

除了众多女神像，"女神庙"中还出土了泥塑动物，如熊、猛禽等，还有其他祭祀物品，

[牛河梁遗址第一地点"女神庙"全景]

["女神"头像出土现场]

[牛河梁遗址"女神庙"出土泥塑人像局部]

[牛河梁遗址出土"女神"头像]

可见"女神庙"中存在祭祀活动，祭祀
的对象是红山人的祖先，这是红山人重
要的精神信仰。

[东山嘴遗址出土陶孕妇像]

"唯玉为葬"的习俗与礼玉文化

积石冢是红山文化的高等级墓葬，
大多位于岗丘的顶部，周边密布筒形器。
状如山丘的积石堆下，隐藏着一座座墓
葬。积石冢户的墓葬不同于普通墓葬随葬陶器，积石冢中很少出土陶器，却以珍
贵的玉器随葬，不仅象征墓主人高贵的身份，也彰显了红山人对玉器的喜爱。

红山文化的玉器精选河磨石为玉料，多为淡绿色的软玉，这种玉料体积一般
不大，往往带有石皮，原本难以雕琢成器。但是，在红山先民以精湛的技艺和独
特的审美琢磨后，这些玉料被制作成一件件精美的玉器。

红山文化玉器从造型看，有仿生形象及其衍生器，如龙、凤、龟、蚕蛹、草
虫等；还有类似后世"礼器"的环形玉器，如环、璧、瑗等；更多的是不明原形

[远眺积石冢（牛河梁遗址第三地点）]

[牛河梁遗址第二地点 2 号积石冢   ]

[牛河梁遗址第十六地点 4 号墓出土玉器情况   ]

的器物，如勾云形器、斜口筒形器等。玉器雕工精湛，治玉技艺高超。在没有金属工具的新石器时代，如此惊艳的玉器制作工艺不仅代表了红山文化发达的手工业水平，也给古老的早期文明平添了神秘色彩。

随葬玉器都是佩戴在墓主人身上或放置在身体附近，大墓数量较多。以牛河梁遗址第十六地点中心大墓4号墓为例，这是一座单人石棺墓，墓主为一中年男性，墓中随葬了8件玉器——墓主人头下枕了一件阳刻纹饰的回首状玉凤，左侧盆

[牛河梁遗址第十六地点 4 号墓出土玉人]

[牛河梁遗址第十六地点 4 号墓出土玉镯]

[牛河梁遗址第十六地点 4 号墓出土绿松石坠饰]

骨外侧有一个圆雕的双臂曲于胸前的玉人。此外，墓中还有玉镯、玉环、玉斜口筒形器、绿松石坠饰等其他玉器。后世将红山文化积石冢随葬玉器的特殊习俗称为"唯玉为葬"。

红山社会中每一个重要的部分，都能看到玉的影子。除了大量的装饰品、礼器外，还有象征军事权力的钺。

此外，玉也是红山先民沟通天地的媒介。红山人认为玉可以沟通天地，是万物有灵的载体，在红山人的认知中，玉器可以通神。当人们用玉器表达对天地祖先的敬仰时，玉便具有了礼制属性。红山人对玉的尊崇是我国礼玉文

[牛河梁遗址出土玉钺]

化的开端。《周礼》中有关于玉礼器的记载，"以玉作六器，礼天地四方。以苍璧礼天，以黄琮礼地，以青圭礼东方，以赤璋礼南方，以白琥礼西方，以玄璜礼北方"。作为重要礼器的玉璧，在红山文化时期便已成熟，璧是红山文化数量最多的玉器之一，按照《周礼》的记载，红山文化的积石冢中随葬的玉璧就是礼器，它的形制和功能都已成熟，说明红山人有了一定的礼制观念和行为。

在悠久的中国历史中，玉对于中华文明有着特殊的含义。玉文化是中国文化重要的组成部分，东汉许慎的《说文解字》中对玉的解释为"玉，石之美者。有五德，润泽以温，仁之方也；鰓理自外，可以知中，义之方也；其声舒扬，专以远闻，智之方也；不桡而折，勇之方也；锐廉而不忮，絜之方也"。千百年来，中国人对美玉寄托了特殊的情感，自古就有"君子比德于玉""宁为玉碎"等传统，人们赋予美玉高尚的品格，用玉的品格比喻人的品德。玉器承载的并非单纯的审美，更是人们对美德的向往。

红山人崇拜天地、祖先，崇尚精美的玉器，他们有着丰富的精神世界，他们的信仰如银河繁星，照亮了冉冉初升的中华文明。

足迹　样貌　环境　房屋　餐桌　技艺　信仰　家国　前人　社交　传承　谜题

家国

第八章

红山人的家国

国家是社会发展到一定阶段的产物，国家的出现往往象征着文明发展到一定高度。所以，当我们去了解中华文明的历史时，国家，是必论之话题。

　　考古学最新研究成果表明，红山文化的晚期进入了古国时代的第一阶段，"国家"的形成意味着文明的曙光照亮了人类历史的长夜，人类从此走向文明，东方既白。

"家"与"国"

在古代汉语中,"家"意为居所,"国"为邦之意。红山文化时代,虽然没有文字记载他们的"家"与"国",但是从居所到邦域,红山人有着由"家"而"国"的发展历程。

红山人集中生活的辽宁省西部、内蒙古自治区东南部以及河北省北部,遍布红山文化遗址。有的遗址是地表遍及彩陶片的以积石冢为代表的祭祀遗址,有的遗址地表多为生活陶器残片,是红山人曾经生活过的地方。当生活类遗址具有一定规模和结构时,我们便把它们视为一个聚落。

红山社会的繁荣,使得他们的聚落如星罗棋布,遍布燕山南北,尤其在河流两岸,聚落格外密集。成百上千的聚落当然不可能保持一致的规模,即便共处同一个河流流域,聚落的规模也各不相同,最大的和最小的有十数倍之差。2008年,中国社会科学院考古研究所与内蒙古自治区敖汉旗博物馆合作,对内蒙古教来河流域开展了一次系统的考古调查。调查结果显示,教来河两岸曾有100多处红山人生活的遗址,充分展示了红山

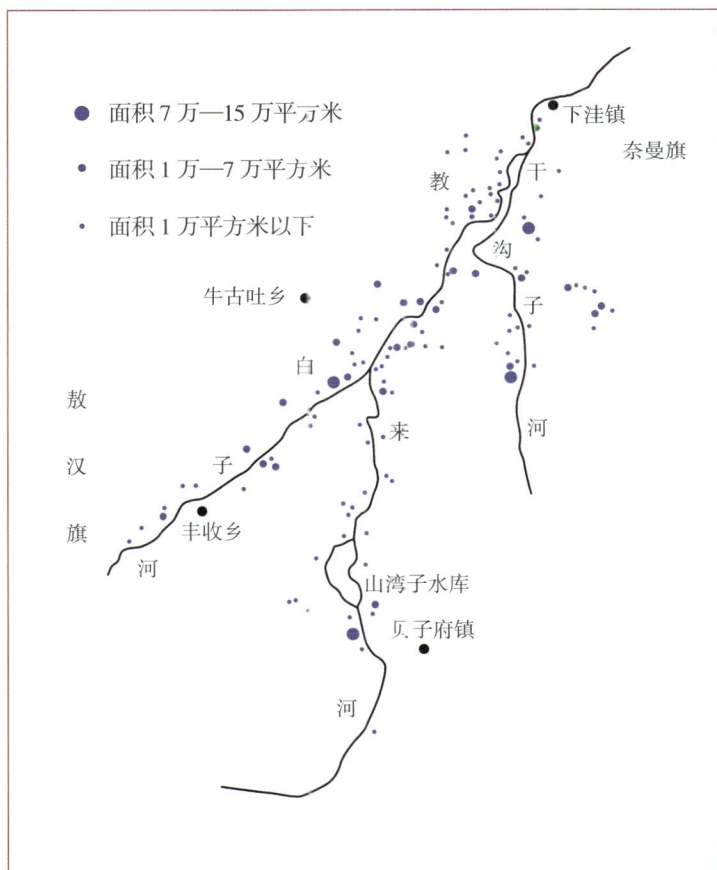

[教来河流域红山文化聚落分布与等级]
(根据刘国祥《红山文化研究》绘制)

人庞大的社会规模。它们面积最大的可达150000平方米左右，最小的只有3000平方米，差距之大堪比今天的都市和乡村。这些聚落虽然规模差异巨大，分布却极有规律。教来河的每条支流都只有一个面积超过70000平方米的大型聚落，环绕在其周围的，多数为面积小于10000平方米的小型聚落，少数为介于二者之间的中型聚落。围绕大型聚落，每条支流形成了一个群体，互不相扰地占据各自流域的自然资源，保持着和平的生存态势。

聚落以这样有序的方式分布，并非全部自然形成。红山人的社会出现了一股力量，可以组织民众、调配资源，控制着社会和平稳定发展，合理分配生存空间，"国家"已在悄然中生成。

[工作人员发掘红山文化聚落]

[东山嘴遗址全景]

首领与等级

墓葬是考古学最重要的遗存之一。古人云"事死如事生"，意为对待死者要像他活着时一样，所以古人的墓葬往往模仿逝者的生前生活场景。特别是古代贵族的墓葬，比如帝陵、诸侯王墓会复原墓主人生前奢华的生活场景。因此，墓葬在一定程度上反映了真实的社会，今人通过研究古代墓葬，可以复原古代社会的一部分。下面，我们将以红山文化的墓葬为视角，回看红山人的社会。

红山文化时期的墓葬等级分化明显。一些普通人的墓葬是小型的土坑竖穴墓，墓葬中随葬器物也很少。而与祭祀有关的墓葬——积石冢，其中的墓葬则为石棺

[牛河梁遗址第二地点 1 号积石冢]

[牛河梁遗址第二地点 1 号积石冢 25 号墓]

[牛河梁遗址第二地点 1 号冢南部墓葬]

墓，虽然规模也仅可容身，但随葬器物丰富，且皆为珍贵的玉器，这便是"唯玉为葬"。这两种墓葬有明显的差别，即便在同一个积石冢中，不同的墓葬在形制、规模方面也有等级差异。

红山文化重要的积石冢有辽宁凌源牛河梁遗址、田家沟遗址、阜新胡头沟遗址、喀左东山嘴遗址，内蒙古赤峰草帽山遗址等，这些遗址的规模差异较大。比

[牛河梁遗址第二地点 2 号冢]

[牛河梁遗址第二地点 2 号冢 1 号墓（中心大墓）]

[牛河梁遗址第二地点 2 号冢东界墙砌石]

如牛河梁遗址，经过发掘的地点中，第二、第五、第十六地点都有大型积石冢。而东山嘴遗址面积不足1平方公里，仅发现1处积石冢，且规模偏小。

积石冢大多位于山顶，平面形状有方形和圆形两种，冢的边缘整齐排列着石块，称为"界墙"，区分相邻的冢。积石冢高大的堆石之下，掩埋着多个墓葬，少则几座，多则20余座。无论数量多少，每个积石冢中都有1座大型墓葬，位置靠近积石冢中心（牛河梁遗址第二地点1号冢中有2座规模相似的大墓），我们称其为"中心大墓"。其余墓葬规模远小于中心大墓，并且都位于中心大墓的南侧。中心大墓的墓圹较宽，有的墓有台阶，有的墓四周用石块堆起一周二层台——"冢台"；其他墓葬则为简单的石棺墓，即在墓圹内壁立一周石板，墓葬大小仅可容身。中心大墓的随葬玉器更加丰富，玉质更优，做工更好；一般墓葬中出土的玉器数量和品质皆不如中心大墓。

积石冢承载了红山人的精神信仰，反映了红山社会的礼制伊始，积石冢中埋

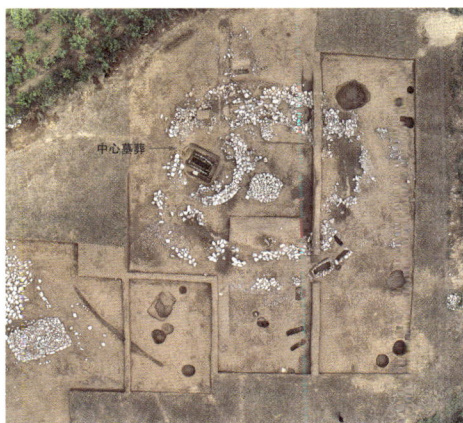

[牛河梁遗址第五地点 1 号冢]

[牛河梁遗址第五地点
1 号冢 1 号墓（中心大墓）]

[牛河梁遗址第五地点 1 号冢 1 号墓（中心大墓）
墓室与玉器出土状态]

墓葬形制

　　考古学中常见的墓葬形制有土坑墓、石构墓和砖构墓等。在陶砖出现之前的石器时代，最常见的墓葬是土坑墓。在地面向下发掘土坑，在坑底放置葬具或者直接安葬墓主人。一般将没有其他质地葬具的直穴墓葬称为土坑竖穴墓。新石器时代另一种常见墓葬形制是石棺墓，做法是在发掘好的墓圹里以立石或积石作为葬具，安葬墓主人。

[牛河梁遗址第五地点 1 号冢其他墓葬]

[牛河梁遗址第五地点 1 号冢 5 号墓（其他墓葬）出土器物]

[牛河梁遗址第五地点 1 号冢 1 号墓（中心大墓）出土玉鼓形器]

[牛河梁遗址第五地点 1 号冢 1 号墓（中心大墓）出土勾云形玉器]

东方既白
生生不息的红山人

132

[牛河梁遗址第五地点 1 号冢 1 号墓（中心大墓）出土玉璧]

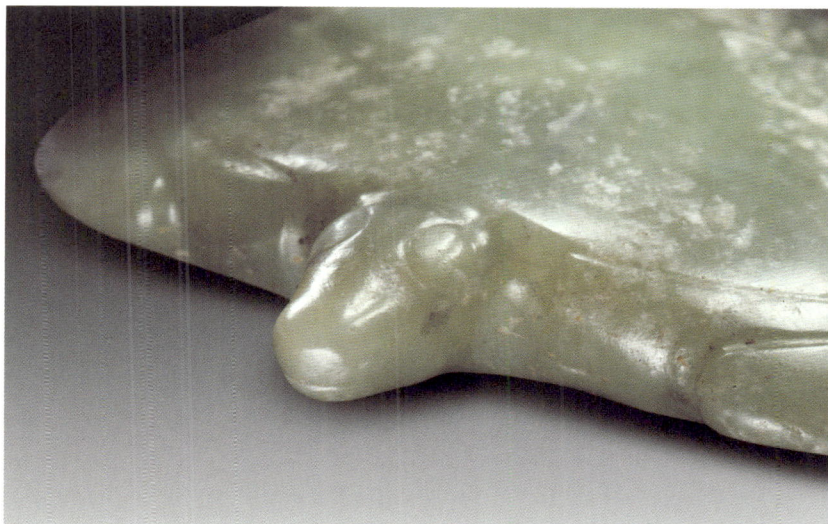

葬的人是具有一定身份等级的人。而积石冢中墓葬鲜明的等级差异，则折射出红山社会阶级的分化，人们的地位存在巨大的差距。积石冢中心大墓的墓主人是首领或者地位崇高的神职人员，其他墓葬的墓主人也并非普通平民，而是地位次于首领的高等级人群。红山人的社会不仅出现分层，且人群的层次比较复杂，并非简单的首领和普通成员。

　　社会等级的出现，意味着权力的产生，说明红山人相聚而居的地方不仅仅是聚落，而有可能是城市，甚至是国家。

劳动分工与统治阶层

红山文化晚期已进入了古国时代第一阶段。古国，则必然有统治阶层，出现阶层的前提之一是社会分工、社会分化。红山文化的生产力足以支持劳动分工，红山人在劳动生产中各司其职。

红山文化的陶器，尤其彩陶，造型考究，纹饰精美，有很强的设计感。不同遗址制作陶器的陶土皆选自本地，陶器烧造的火候掌握得比较好，陶器的形制、纹饰也有统一的制式。更重要的是，红山文化出现大量祭祀陶器，烧造这些非实用的陶器需要更多的人工和更专业的从业者。红山文化的玉器影响更加深远，无论是器形的多样性还是做工的精美程度，皆为同时代之翘楚。为了制作这些玉器，红山人充分发挥了他们的创造力，掌握了管钻、片切割、线切割、抛光等高级的技巧，还创新了减地阳刻等制作技法。红山文化闻名遐迩的玉器背后，是治玉者们穷尽智慧，倾尽心血。

陶器、玉器，这些红山人高超的手工业技术可以说明，红山文化社会出现了专门制作、生产某一类器物的工匠，他们不从事其他社会生产。进步的农业允许一部分人不从事农业、采集、狩猎劳动，将他们从繁重的为了生计的奔波中解放出来，将精力和时间倾注在某一类生产活动上。

劳动分工，不仅促进了职业的分化，也促生了专门负责祭祀的人。红山人信仰天地祖先，沟通、祭祀天地和祖先是神圣而重要的行为，从红山文化祭坛、积石冢、"女神庙"等遗址呈现出的庞大而精细的祭祀痕迹来看，红山文化的祭祀活动是一项专业的行为，由专门的人负责。掌管祭祀的人很可能就是埋葬在积石冢中心大墓的墓主人，他们地位最崇高，也最富有，掌握了最多的资源，他们是红山人的首领。

红山人的首领不仅地位崇高，更拥有强大的实际权力，可以动员红山民众，组织大家齐心协力办大事。作为红山文化中晚期的礼仪中心的牛河梁遗址群，它的建成经过精心的规划。"女神庙"所在的第一地点位于牛河梁主梁之上，由众多高大的堆石高台组成，面积超过10万平方米。目前，考古工作者们在这里发现了9座巨大的台基，且有部分对称分布，隐隐有后世城市的中轴线之相。以5000多年前的生产力来看，可称宏大。第一地点周边遍布由祭坛和积石冢组成的其他遗址。多数坛和冢有数十米之巨，集中盘踞在牛河梁的各个山脊峦顶，绵延50多平方公里。如此浩大的工程，在生产力落后的新石器时代，绝非一群人所能完成。推动这项大工程所需的不仅是先进的生产力，也需要先进的组织管理。牛河梁遗址的建造，集合了红山社会最强大的劳动力、最精湛的工匠、最出色的组织者。数以千百计的红山人被有效地组织在一起，井然有序地开展建造活动。

恢宏而神秘的牛河梁遗址，背后是红山文化复杂的社会结构和强大的公共权力。红山人不仅有优秀的生产劳动者，也有强大的领导者。红山文化的首领通过祭祀活动领导普通社会成员，不同于同样盛行玉文化的凌家滩文化和良渚文化，红山文化没有很多象征军事权力的玉钺，尤其在牛河梁遗址的积石冢中心大墓，随葬祭天的王璧更加罕见，说明首领们主要以"礼"的方式实施统治，红山人似乎更加"热爱和平"。

强大的社会动员力展示了红山社会先进的模式。红山文化的社会形态比聚落制更先进，"国"的影子开始与红山文化重合，红山人沐浴着文明曙光，走向"国家"。

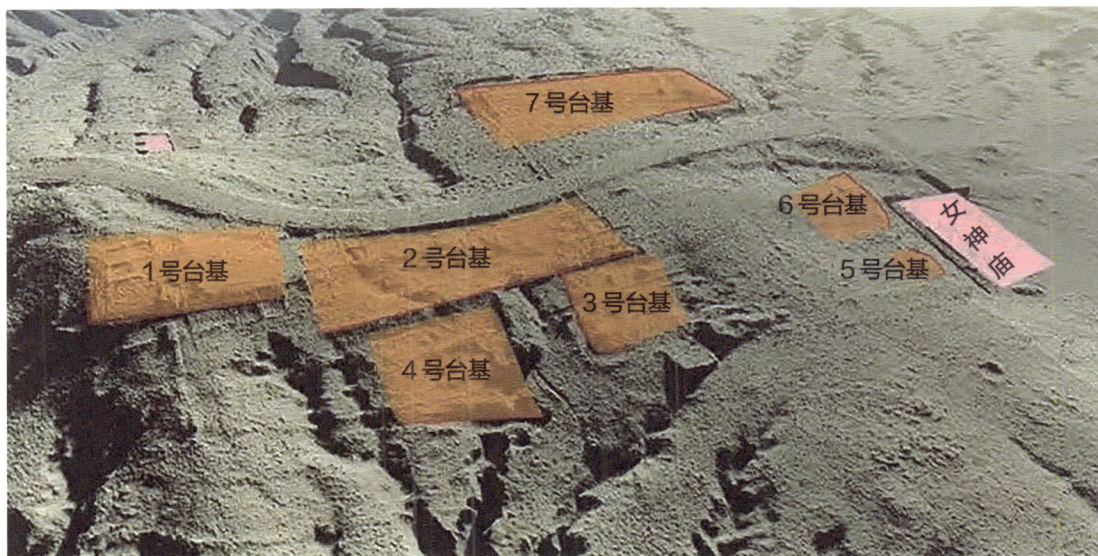

[牛河梁遗址第一地点大型台基分布示意图]

▼

足迹　样貌　环境　房屋　餐桌　技艺　信仰　家国　前人　社交　传承　谜题

前

人

第九章

红山人的前人

世间万物都有产生发展演变的过程，考古学文化如此，社会人群亦如此。人们经常会问"我们从哪里来"，寻迹前人，探知本源，往往可以更加深刻地了解一个人。文化的传承、人类的发展，都是建立在"根源"的基础上，因此发展链条的两端总有相似之处。在辽西这片沃土上，也有与红山文化相近、年代早于红山文化的考古学文化，他们就是红山人的前人。

　　下面，让我们一起来为红山人"寻根"。

龙出辽河源

我国新石器时代的历史漫长而久远，开始于距今12000年前后，终至距今4000年左右。考古学家将这一长达8000年的时期，按照陶器特点、采用黄河流域的考古学文化名称划分为三个阶段，分别是彩陶出现之前的"前仰韶时代"（距今7000年以前）、彩陶流行的"仰韶时代"（距今7000—5000年）和普遍使用三足陶器的"龙山时代"（距今5000—4000年）。年代距今6500年至距今5000年，使用彩陶的红山文化处于"仰韶时代"。在红山文化之前的"前仰韶时代"，辽西地区有一支强大的考古学文化，对辽西甚至东北地区产生了深远的影响，一些考古学家提出用这个考古学文化来命名"前仰韶时代"。这个考古学文化就是分布在燕山南

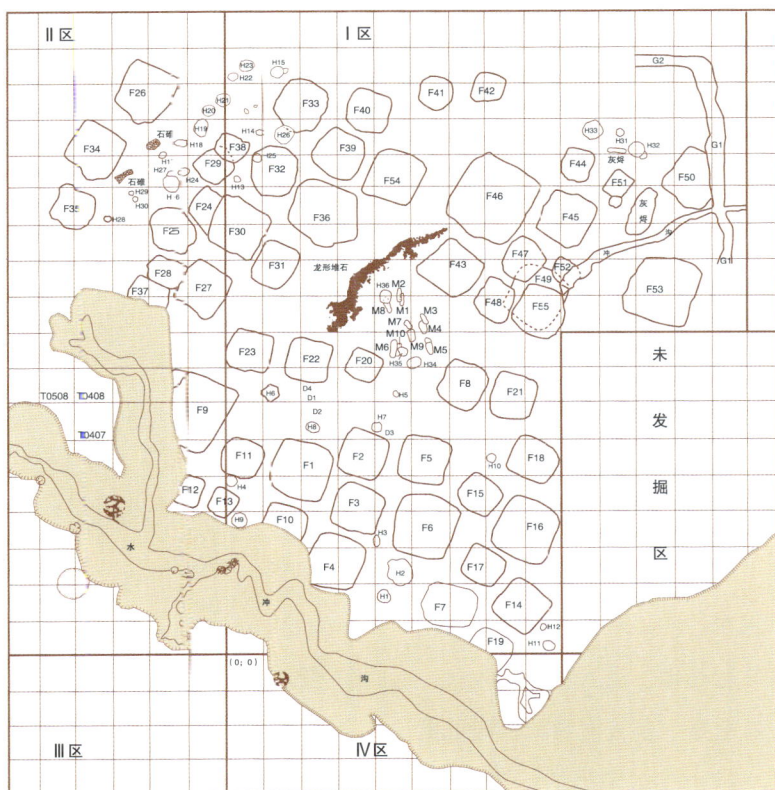

[查海遗址发掘区平面图]

北地区的兴隆洼文化，因其代表遗址阜新查海遗址之故，又被称为查海文化。

兴隆洼文化的上限年代不晚于距今8200年，下限年代为距今7000年前后，是辽河流域诸考古学文化，包括红山文化的重要源头，奠定了数千年以降辽河流域在东北亚地区的核心地位。

兴隆洼文化最重要的遗址查海遗址位于阜新蒙古族自治县沙拉乡查海村，是一个大型聚落址，现存面积1万平方米左右。通过对出土标本的碳-14鉴定，遗址上限年代距今约8000年，是我国考古发现的年代最早、保存相对完整的村落遗址，比著名的西安半坡遗址早1000余年，故有"中华第一村"之称。

兴隆洼文化与红山文化有很多相似之处。首先，两个文化的分布范围高度重合，都在燕山南北附近。更重要的是，兴隆洼文化的部分遗存、文化现象与红山文化相似甚至相同。

在考古学的研究中，陶器是最重要的研究资料之一，考古学文化的界定、文化交流和传承等问题的研究，都离不开陶器。兴隆洼文化和红山文化都以"之"字纹平底筒形罐为主要陶器，只不过兴隆洼文化的平底筒形罐的陶质和制作都更加粗糙，原始性更明显。不过，新石器时代的东北地区是"之"字纹平底筒形罐的产生、繁衍地区，很多当地的考古学文化都使用这种陶器，仅仅通过平底筒形罐，还不能充分证明它们之间的关系。除了陶器，兴隆洼文化的生产工具也与红山文化很相似。进入新石器时代，人们磨制石器的技术已经成熟，但查海遗址仍旧可见很多打制石器和细石器。遗址中最常见的石器是作为农具的石锄、石磨盘和磨棒，以及作为工具的石斧。石器类型与红

[查海遗址房址]

平底筒形罐

新石器时代，筒形罐代表了一个独立的文化系统，它的范围东到鄂霍次克海、日本海沿岸，西抵大兴安岭，北及外兴安岭，南逾燕山，遍及中国东北地区。在这广袤的空间内，人们普遍使用施压印"之"字纹的平底筒形罐。

[　查海遗址出土石斧　]

[　查海遗址出土平底筒形罐　]

[　查海遗址出土石磨盘、磨棒　]

[　查海遗址出土石锄　]

[查海遗址出土玉器]

山文化相近，只是种类更少。这说明兴隆洼文化也具备一定规模的农业生产。

如先前分析红山人的饮食一样，我们也来复原一下兴隆洼人的餐桌，进而推测兴隆洼人的生业模式。考古工作者对阜新查海遗址出土的石磨盘和磨棒进行了分析，在表面发现淀粉粒，说明石磨盘和磨棒曾经用来加工植物种子。在内蒙古敖汉旗的兴隆洼遗址，考古工作者发现了粟和黍的籽粒。通过对查海遗址人骨进行 $\delta^{13}C$ 和 $\delta^{15}N$ 测定，兴隆洼人的主食是粟和黍，与红山人一样。除了主食，兴隆洼人的餐桌上也有各种植物、动物类副食。查海遗址中出土了碳化的未经人类驯化的野生食物果实，还有大量野猪、鹿的骨骼。野生植物果实应该是采集而来的，野生的动物骨骼，结合遗址中出土的骨锥、鱼镖、石网坠等遗物，说明兴隆洼人也通过渔猎获取食物。种种迹象表明，兴隆洼人的农业处于起步阶段，日常生产的粮食还不能满足人们的生存需求，所以他们有多元的生业模式。早在8000年前的兴隆洼人和6000年前的红山人从事相近的生产劳动，吃着一样的粮食。

除了饮食和生产，在精神层面，兴隆洼人和红山人也有相似的追求，同样崇尚美玉和龙。中国最早的玉器出土于距今9000年前的黑龙江小南山遗址，之后，便是以查海遗址为代表的兴隆洼文化。兴隆洼人治玉选取的玉料多为乳白色的软玉，器形有玦、环、匕一类装饰品，又有锛等生产工具，与红山文化相似。兴隆洼文化的玉器虽然造型简单，但通体抛光，精巧别致，治玉的工艺已臻成熟。兴隆洼文化的玉器主要用来随葬，虽然有玉锛一类生产工具，但这些玉器整体光滑莹润，没有使用痕迹，说明他们并非实用工具，而是具备一定象征意义的祭祀或随葬器物。我们在兴隆洼文化的遗存上看到了红山文化玉文化的影子。

礼出红山，龙壮辽河源。红山文化不仅是礼制的摇篮，也是龙的故乡。红山文化的遗址中俯首可见龙的形象，比如著名的C形玉龙、玉猪龙。用来通天的筒形器上，也常常绘制变异龙鳞的图案。2022年，内蒙古彩陶坡遗址出土了一件做工精细、形象生动的蚌龙。

龙的形象，最早出现在兴隆洼文化中。阜新查海遗址聚落的中央有一个巨型

[查海遗址龙形堆石   ]

[查海遗址出土陶片纹饰   ]

龙形堆石，采用红褐色玄武岩石块堆摆而成，全长19.5米，龙身若翔，昂首弓背，四爪张扬。龙形堆石横亘在遗址中部，将聚落址分成墓地和成排的房屋两部分。这条巨龙是查海人精神世界的象征，古老的人类在征服自然和迈向文明的艰难进程中对大自然深怀敬畏，由此衍生了对龙的崇拜。除了龙形堆石，查海遗址平底筒形罐的陶片上也发现了龙形纹饰，虽然陶器并不完整，器形也简单，却采用了浮雕装饰工艺。我们仍旧能从残陶片上看到盘卷的龙身和上翘的龙尾，龙身有清晰的鳞片，细节生动写实。红山人沿袭了兴隆洼人的玉文化和龙文化，从物质和精神各个层面继承了前人宝贵的遗产。

跨越燕山南北

兴隆洼文化之后、红山文化之前，生活在辽西地区的是赵宝沟文化的居民。他们的足迹同样跨越了燕山南北，今天的河

[　赵宝沟遗址全景　]

赵宝沟遗址

赵宝沟遗址位于内蒙古自治区赤峰市敖汉旗高家窝铺乡赵宝沟村西北约2公里的缓坡上，是一处居住址。遗址面积9万平方米，发现房址140余座，目前考古发掘清理了17座，均为半地穴式建筑。房址平面呈长方形或方形，灶呈方形，位于房址中央。房址一般有4个柱洞。房屋四壁和地面都用草拌泥和细泥抹平。遗址出土陶器、石器、骨器、蚌器等遗物，此外，还出土了1件夹砂褐陶人头像。根据碳-14测年，赵宝沟遗址年代距今7200—6800年。

[　赵宝沟文化石耜　]

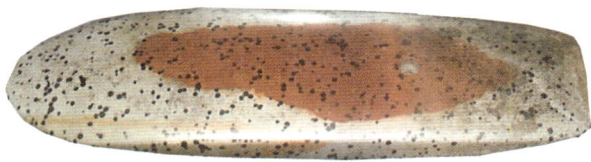

[　赵宝沟文化石斧　]

北省北部、内蒙古自治区东南部、辽宁省西部都能寻到他们的遗存，如内蒙古敖汉旗的赵宝沟遗址、小山遗址、南台地遗址，北京平谷上宅遗址，河北迁西西寨遗址等。根据碳-14测年，赵宝沟文化的年代相当于仰韶时代的早期，也就是距今7200—6500年。赵宝沟文化承上启下地处在辽西地区两个强势的考古学文化之间，它们之间有明显的一脉相承的相似之处。

通过观察陶器的造型、纹饰，我们可以建立起陶器背后制造和使用它们的人群之间的联系。比如赵宝沟人最常用的陶器也是平底筒形罐、碗、钵、盆一类日常使用的器物和兴隆洼人的使用习惯相近，只是赵宝沟人会在陶器里掺杂滑石粉和云母，这说明赵宝沟人和兴隆洼人之间或继承或交流的关系。赵宝沟人制作的陶器也对红山人产生了影响，红山文化一部分陶器的装饰风格就承袭了赵宝沟文化，除了流行久、分布广的"之"字纹平底筒形罐，赵宝沟人常用的"S"形纹饰，红山文化的陶器上也有很多。

赵宝沟文化的石器出土数量也很可观，有石铲、石斧、石耜、石杵、石锄、石刀等，种类比兴隆洼文化更丰富。其中，石斧、石耜、石斧、石磨盘等石器的形制与红山文化很相似。从丰富的石器种类来看，赵宝沟人的农业已达到一定高度。

赵宝沟人聚落而居，村落有明显的大小之别，每一个村落里的房屋都是成排排列的，可以说，赵宝沟人的社会已经开始有了规划。赵宝沟遗址是目前考古发现的规模最大的同类遗址，考古工作者在9万平方米的范围内发现了140余座房址。赵宝沟人的房子面积与红山人相似，多为20平方米左右，而位于遗址中心的9号房址面积可达100平方米，四壁坚实，连柱洞的底部都经过夯打。这说明赵宝沟

聚落	神兽题材和元素	陶

兴隆洼文化

查海遗址

查海遗址龙形堆石

平底筒形

赵宝沟文化

赵宝沟遗址

小山遗址陶尊神兽纹饰

平底筒形

红山文化

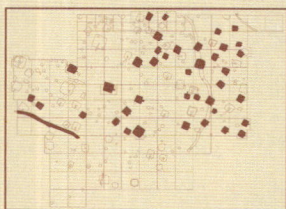

魏家窝铺遗址

彩陶坡遗址蚌形龙

平底筒形

[兴隆洼文化、赵宝沟文化、红山文化典型遗存对比]

石斧

石磨盘

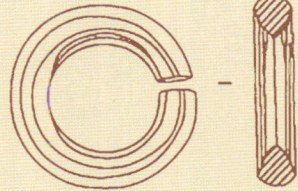
玉玦

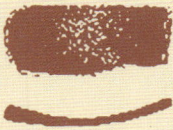
石磨盘

石耜

石斧

石磨盘

石耜

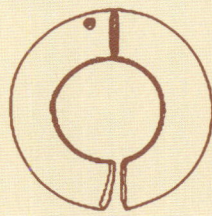
玉玦

[赵宝沟遗址房址局部   ]

人的社会有一定层级结构，从中可见红山人社会组织模式的端倪。此外，赵宝沟遗址临河的高岗上还发现一个方形的石坛，说明比红山文化年代更早的赵宝沟人已经有了祭祀行为，并且与兴隆洼人在聚落里，甚至房屋里祭祀不同，赵宝沟人祭祀的地方与日常居住的地方分开，有专门的场所，更加专业。一些赵宝沟文化遗址出土了刻划神兽纹陶尊，纹饰清晰锐利，鹿首、蛇身，是赵宝沟文化最具代表性的遗存。如此形制特殊、制作精良的陶器很可能不是实用陶器，而是用来祭祀的礼器。以上种种现象说明赵宝沟人的社会存在一定社会组织，并且具有较强的凝聚力。

无论是手工业和农业的发展水平，还是社会组织程度，抑或是人们的精神信仰，赵宝沟人的社会发展都处于兴隆洼人和红山人之间。从兴隆洼文化到赵宝沟文化，再到红山文化，我们可以清晰地看到，红山人充分继承了前人的物质和精神遗产，人们从为了抵御生存风险聚群而居一步步走向规模庞大、拥有共同信仰、开创文明的国家。伴随着农业和手工业的进步，在辽西这片沃土上，文明的种子正在萌发。随着红山文化的来临，人类文明的曙光照耀在这片大地上，历经兴隆洼文化、赵宝沟文化，孕育了2000年的文明种子终于破土而出。

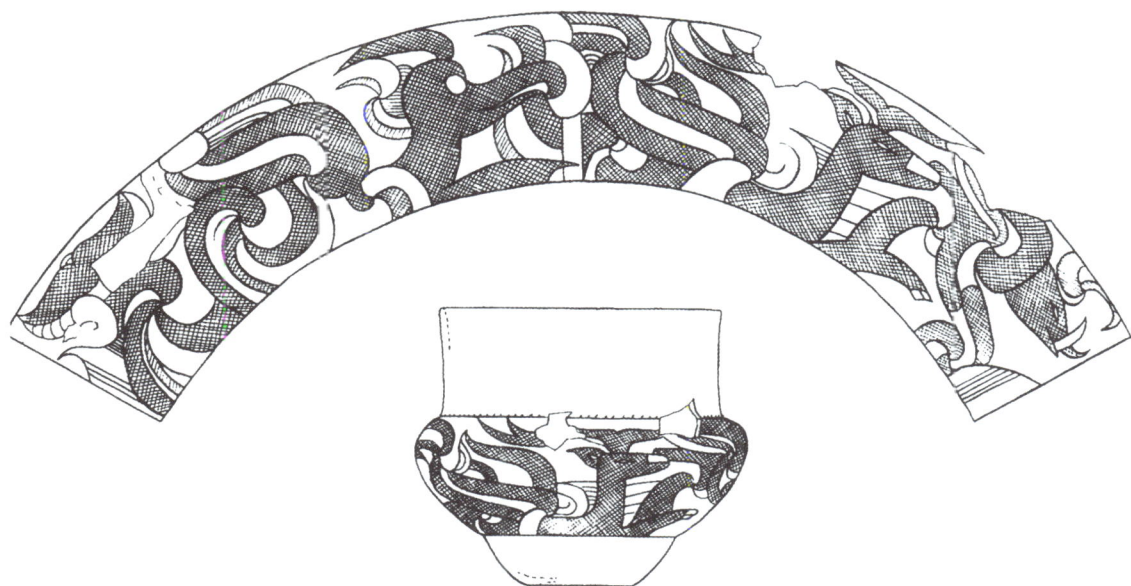

[小山遗址出土赵宝沟文化神兽纹陶尊及线图]

社交

第十章

红山人的社交

中华文明具有突出的包容性，中华文明的起源、发展过程，是众多文化相互影响、交流融合的过程。距今6000—5300年，不同谱系的文化如满天星斗遍布中华大地，形成众多文明。作为一支强大的考古学文化，红山文化延续时间长、分布范围广，红山人的足迹覆盖了燕山南北辽西地区，这里率先升起了文明的曙光。红山文化不是寂寞的绝响，在更辽阔的大地上，红山人有众多"邻居"，文明宛如群星璀璨，熠熠生辉。

三北地带　文明火花

考古学文化的形成往往依赖于一个相对独立的地理单元，进而形成独立的文化系统。红山人生活的辽西地区，是一个交通通畅的地带。红山文化地处考古学家苏秉琦提出的"Y"字形文化带的北部地区，冀北、晋北、河曲"三北"地带，是中原与北方两大文化区系的连接地带。这里是北方与中原文化交流的双向通道，自新石器时代中期起，两地文化开始交流。早在赵宝沟文化时期，就有少量来自中原地区的陶器，红山文化更是出现了代表中原文化的彩陶。

最早的彩陶发现于浙江上山遗址，距今1万年左右。对后世影响更加深远的彩陶来自黄河流域，距今8000年的陕西老官台文化遗址出土的纹饰简单的彩陶器开启了后来繁盛了千年的彩陶文化。距今6800—6000年，陕西关中地区崛起了半坡文化，代表了仰韶时代的开启，彩陶也开始了见证中华文明诞生的历程。半坡文化的彩陶以盆、钵、细颈壶等为主，施彩颜色为黑彩、红彩，图案中几何图形比较有特色，如三角纹、折线纹、方格纹等，最具特色的是鱼纹，代表器物是著名的人面鱼纹盆。这时的彩陶已经有了精神象征意义。

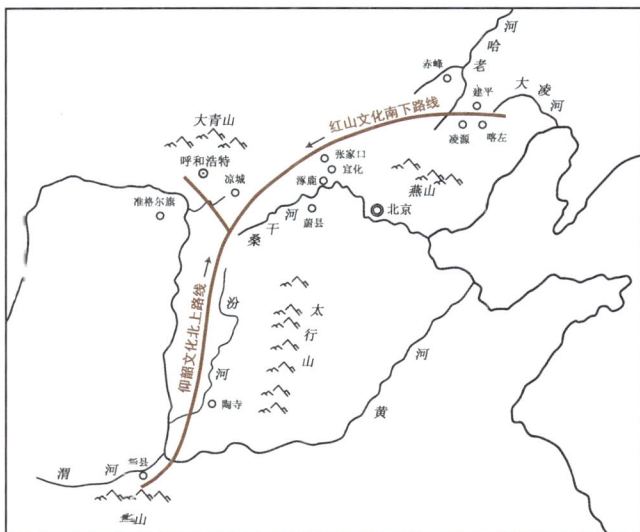

[　"Y"字形文化带示意图　]

[老官台文化三足彩陶钵]

[半坡文化彩陶钵]

[半坡文化变体鱼纹瓶]

[半坡文化小口尖底瓶]

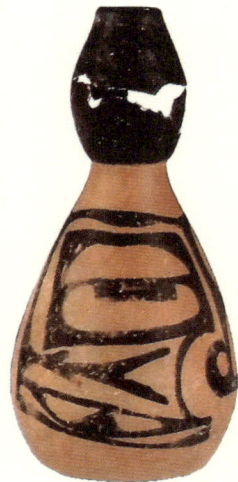
[半坡文化人面鱼纹盆]

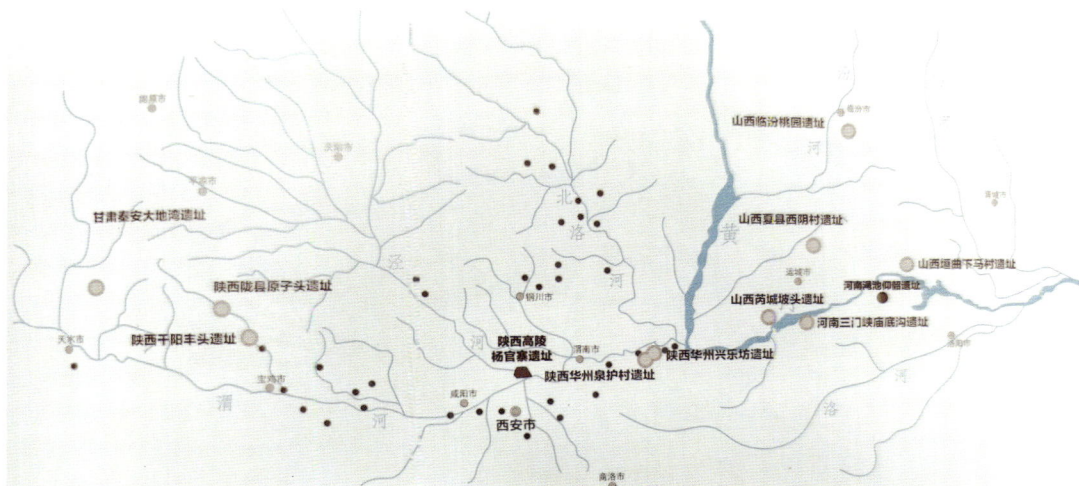

[庙底沟文化主要遗址]

距今6000—5500年，庙底沟文化强势崛起。它发迹于关中地区，鼎盛时期影响力遍及黄河中游地区，并扩及燕山南北和长江流域。庙底沟文化的彩陶成熟而富有美感，它的典型器物有曲腹盆、敛口钵、小口尖底瓶等，造型曲线优美、纹饰饱满瑰丽，如同艺术品，不仅代表了彩陶工艺的巅峰，也展现了古人高级的审美。庙底沟文化的彩陶同样以黑、白、红三色为彩，最具特色的是以弧线形状构成的连续纹，也就是由一种纹饰单元重复构成，形成一周纹饰带。庙底沟文化的连续纹弧线宛如抛物线，弧曲张弛，旋涡精妙，好像抽象的花瓣。

[庙底沟文化小口尖底瓶]

[庙底沟文化彩陶盆]

[庙底沟文化陶器纹饰]

[红山文化红顶彩陶钵]

[红山文化彩陶纹饰]

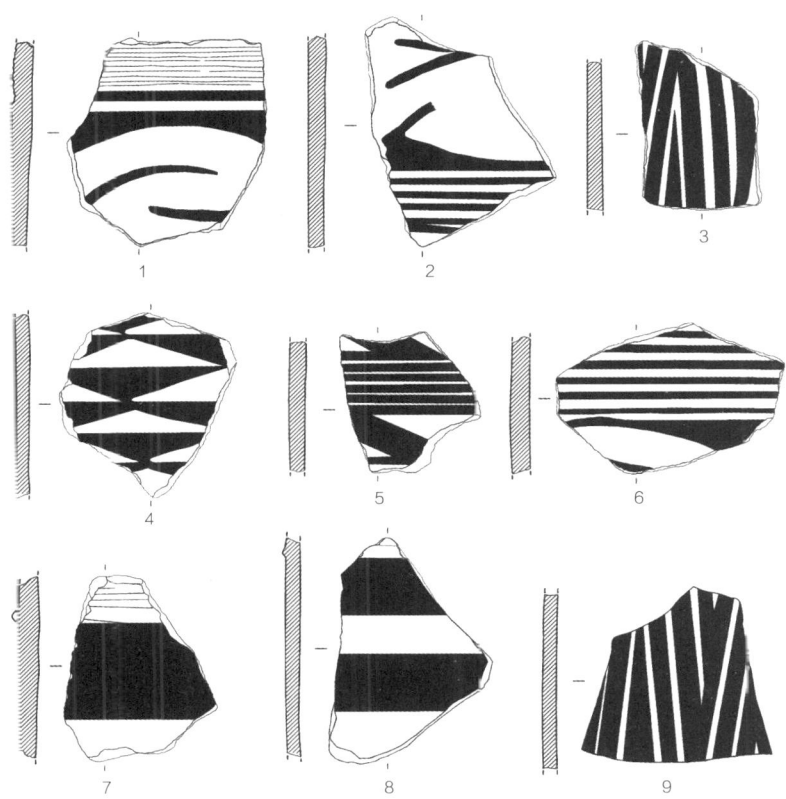

[红山文化彩陶纹饰]

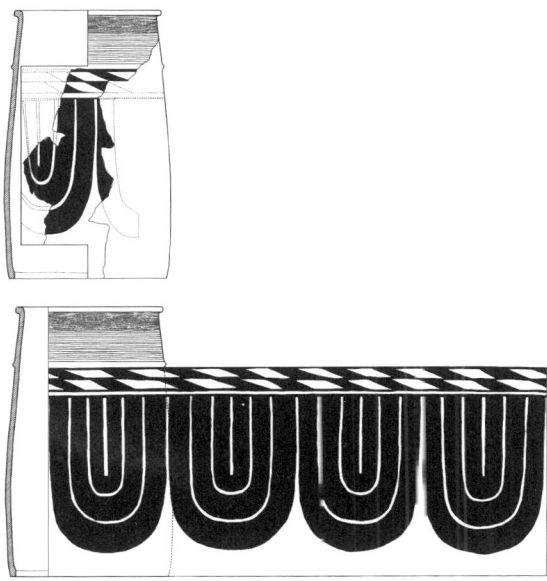

[红山文化垂麟纹筒形器]

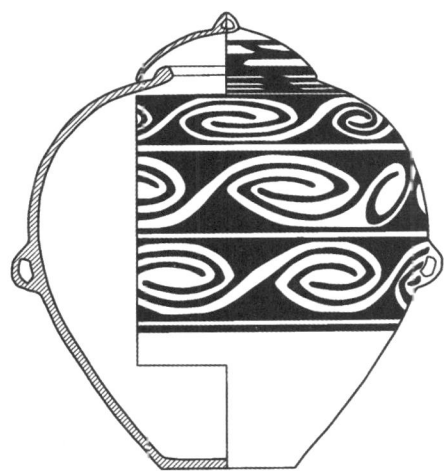

[红山文化涡纹彩陶罐]

随着半坡文化和庙底沟文化的日渐强大，中原势力不断扩大、东渐，原本生活在豫北冀南地区的后冈一期人被迫北上来到燕山，三北地带被打开，红山人与中原的邻居达成了重大的历史性会面。早期的红山人从兴隆洼人和赵宝沟人那里继承了本地的平底筒形罐文化传统，又受后冈一期人的影响，开始制作和使用彩陶钵。而对红山人影响最大的当数已经雄踞中原的庙底沟人。面对强势来袭的仰韶文化，红山人秉持着开放包容的心态，积极地向远方的邻居学习了制作彩陶的先进技术。在制作彩陶的过程中，红山人将自身原有的审美和仰韶彩陶技艺结合起来，形成辨识度很高的独特彩陶文化。红山彩陶的纹饰有涡纹、勾纹、斜线纹等，其中最特别的是，模仿龙鳞的垂状纹饰，应当是红山人将崇尚的龙的形象转化为彩陶纹样印在了陶器上，我们称之为"垂鳞纹"。代表龙的垂鳞纹与庙底沟文化的花瓣纹在北方与中原交相辉映，代表了两个虽然文化渊源不同，却同样强大的人群，分别象征了"龙的传人"和"华人"，他们的交流碰撞孕育了中华文明。

星汉灿烂　南北交映

中华文明绵延5000余年生生不息，优秀的文化基因自古而来从未中断，塑造了中华民族的优秀品质。随着中华文明探源工程的深入开展，牵系我们民族根脉，中华文明的起源、形成和发展历程逐渐清晰，证实了中华文明的多元起源。

红山人的社交圈不仅局限在比邻而居的中原地区，在与人交往的过程中，红山人强势的文化对外影响深远，甚至远在千里之外的长江流域也能看到红山人的影子。

中华文明探源工程的最新成果表明，距今5800—5200年已

中华文明探源工程

中华文明探源工程全称是"中华文明起源和早期发展综合研究"，是一项由国家支持的多学科结合研究中国古代历史与文化的重大科研项目，2004年正式启动。20年来，经过20多个学科400多位学者的共同努力，中华文明探源工程取得了显著成果，对中华文明起源、形成、发展的历史脉络，对中华文明多元一体格局的形成和发展过程，对中华文明的特点及其形成原因等，有了较为清晰的认识。

2023年12月，中华文明探源工程公布最新研究成果，从距今5800年至距今3500年可划分为古国时代和王朝时代。其中，古国时代可细分为三个阶段：第一阶段，距今5800—5200年，以西辽河流域的牛河梁遗址和江淮之间的凌家滩遗址为代表；第二阶段，距今5200—4300年，以浙江良渚、湖北天门石家河、湖南鸡叫城等遗址为代表，这一阶段的文明发展呈多样性，多有大型水利设施和城址的兴建；第三阶段，距今4300—3800年，以陶寺遗址、石峁为代表，形成了一个以中原为中心的历史发展趋势，奠定了中国历史发展的基础。距今3800年以后，进入王朝时代，以二里头遗址和三星堆遗址为代表。各个文明如江流汇聚，最终凝聚成中华文明。

[凌家滩遗址]

进入古国时代第一阶段，代表遗址有辽河流域的牛河梁遗址晚期的遗存和长江流域的凌家滩遗址。

凌家滩遗址位于安徽省马鞍山市含山县铜闸镇裕溪河北岸凌家滩村的山岗及两侧。经碳-14测年，凌家滩遗址的年代为距今5800—5300年的新石器时代晚期。遗址面积140万平方米，是一个大型中心聚落遗址，也是目前长江中下游地区保存最完整、面积最大的一处新石器时代晚期聚落遗址。经过多年的考古调查和发掘，凌家滩遗址的布局和结构已大致展现在我们面前。今天的裕溪河东西横贯，将遗址的南部淹没，从保存的部分来看，遗址有明确的功能分区，内、外两条壕沟将遗址分为生活区、祭祀区和墓葬区。生活区位于遗址南部，由内壕沟环聚而成，面积40余万平方米，中心生活区达10万平方米以上。环壕长2000余米，最宽处可达30米，防御牢固。壕沟仅存西北一段。内、外壕沟之间，坐落着祭祀区和墓葬区。凌家滩遗址的祭祀区内有一座略呈方形的大型祭坛，祭坛之上和周边分布着数十座墓葬。环壕内的墓葬区是贵族的墓园，墓中出土了大量玉器。凌家滩文化的玉器大多为鸡骨白的透闪石，色彩与红

庙底沟文化 | 庙底沟遗址

半坡文化 | 下王岗遗址

半坡文化 | 半坡遗址

马家窑文化 | 吕家坪遗址

凌家滩文化
双联玉璧

红山文化
双联玉璧

凌家滩文化
玉龙

红山文化
玉龙

牛河梁遗址

辽河

黄河

庙家沟遗址

马家窑遗址

半坡遗址

下王岗遗址

凌家滩遗址

良渚遗址

长江

凌家滩文化 | 玉玦

良渚文化 | 玉玦

红山文化 | 玉玦

红山文化 | 玉鸟

凌家滩文化 | 玉鸟

良渚文化 | 玉鸟

红山文化
—
玉人

凌家滩文化
—
玉人

红山文化 | 玉璧

凌家滩文化 | 玉璧

良渚文化 | 玉璧

良渚文化 | 玉龟

红山文化 | 玉龟

[　红山人社交示意图　]

[凌家滩遗址 7 号墓]

山文化玉器大不相同，器形却同样丰富，既有璜、璧、钺等礼器，也有环、镯、管、玦等常见的装饰玉，还有人、鹰、龙、龟等题材的玉器。凌家滩文化的玉器体现了红山文化与凌家滩文化之间存在着交流，凌家滩文化的玉人、玉龙、玉鸟、玉龟、玉斜口器等，都与红山文化的同类玉器相似，显然受到红山文化的影响。

此外，凌家滩遗址的周边分布了20余个小型村落，犹如卫星城一样，围绕着中心聚落。种种发现表明，凌家滩遗址已经具备了明确的社会分工、社会分化，有相对成熟的稻作农业，有大型祭祀遗址，有宗教祭祀行为，有礼仪制度，已经进入古国阶段。

[凌家滩遗址出土玉璜]

[凌家滩遗址出土玉璧]

[凌家滩遗址出土玉钺]

【 凌家滩遗址出土玉人 】

[凌家滩遗址出土玉鹰]

[凌家滩遗址出土玉龙]

距今5200—4300年，中华文明进入了古国时代第二阶段，历史的星空上又升起了一颗璀璨的巨星——良渚文化。

良渚文化分布在长江三角洲太湖地区，距今5300—4300年，最重要的遗址是浙江省杭州市余杭区瓶窑镇的良渚古城，它是良渚文化的核心遗址，也是良渚古国的王城。良渚古城的面积超过50平方公里，三重向心布局。从布局和规划来看，良渚古城是一座成熟的城市。城市外有外郭城，向内有圆形的内城，内城的中央有宫城。内城城墙高4—5米，有8个水门和1个陆门，城内形成"井"字形水路，宫城位于"井"字中央。宫城内的莫角山宫殿区高约10米，面积可达30万平方米。莫角山上坐落着数十座房屋。

[　　良渚古城平面结构示意图　　]

紧挨在宫城西侧的是著名的反山墓地——良渚古国的王陵。"反山"并非真正的山，而是人工修筑的高台，台上排列了两排墓葬，其中规模最大的反山12号墓出土了1100余件精美玉器，包括大量用来祭祀天地的玉璧、玉琮和象征军事权力的玉钺。其中最负盛名的是大型的"玉琮王"和"玉钺王"。这座墓的墓主人是一名男性，很可能是良渚古国的首领。

王城西北部的高岗上有良渚人的祭祀遗址。祭坛的西部则是良渚古城著名的水利系统。良渚古城三面环山，地势低洼，又处在多水的长三角地区，如何防洪，关系到古国的存亡。良渚人在古城的西部和北部修筑了20余条水坝，洪期引流，旱期蓄水，不仅可做灌溉之用，也能行船运输，通过古城的水门，形成发达便利的水上交通。除此之外，良渚古城周边几乎每一个山口都修建了水坝，

[　　良渚遗址出土玉琮王　　]

[良渚文化玉钺的兽面纹]

众多水坝构成我国最早的拦洪系统。

北纬30°的环太湖流域，四季分明，气候宜人，自然环境优越，是我国稻作农业的主要发源地之一。发达的农业促进了社会分工，分化的人群形成阶级，敬畏天地、礼玉文化等精神信仰加强了人们的凝聚力。大型土筑建筑、先进的水利系统，证明了良渚人的社会具备强大的社会动员力。良渚人的文明之路与红山人有很多相似之处。

红山文化、凌家滩文化和良渚文化都为中华文明的形成与发展做出了巨大贡献。红山人与凌家滩人是否也有交流？他们的文化是否影响了后来的良渚人？我们观察三个考古学文化的遗存，虽然相距千山万水，但他们创造的文化也有相似之处，集中体现在玉器上。使用玉礼器是早期文明的代表性现象，三个考古学文化都有大量祭天的玉璧，可见"以璧礼天"是新石器时代晚期比较普遍的现象。红山文化的玉器影响了凌家滩文化，年代更晚的良渚文化，经由凌家滩文化的传播，也出现了与不同时空的红山文化的相似之处。

[良渚古城外围水利系统示意图]

红山文化

玉人　　　　　　玉鸟　　　　　　玉璧

凌家滩文化

玉人　　　　　　玉鸟　　　　　　玉璧

良渚文化

玉钺　　　　　　玉鸟　　　　　　玉璧

　　这些相似的考古学遗存的背后，存在着更加深刻的关联。凌家滩文化和良渚文化在生产方式、社会分化、礼仪制度、宗教信仰等方面都与红山文化有相似之处。生活在同一时代的红山人和凌家滩人已经有了交往和交流，红山文化的影响

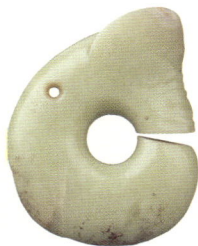

| 双联玉璧 | 玉龟 | 玉龙 |

| 双联玉璧 | 玉龙 | 玉玦 |

| 玉龟 | 玉玦 |

[红山文化、凌家滩文化、良渚文化玉器对比（部分玉器图片由安徽省文物考古研究所、良渚博物院提供）]

范围扩散到了长江流域，即便进入时代更晚的良渚文化时期，这种深远的影响仍未消逝。他们在不同的环境、不同的历史背景中成长，形成了共同的中华文明"天人合一"的价值取向，在浩瀚的历史星空中，繁星汇聚，最终升起文明的旭日。

传承

从未中断的红山文化

日月盈缩，时光更迭，五千年的光阴掠过，红山人和他们的故事已尘封在辽西这一片沃土之下。今天，考古工作者们层层揭露，于万千尘埃中重现了红山文化昔日的繁盛。我们踏寻红山人的足迹，原来红山人的"文化"并未随着他们的绝迹而消弭，红山"文化"早已融入中华民族的血脉，代代相传。

　　红山人曾经创造的辉煌，通过文化传承，被后人继承发展，最终融入多元一体的中华民族。回望历史，审视当下，古往今来，中华民族的延续性将红山人的"文化"延续到了今天。

"君子比德于玉"——源远流长的玉文化

玉文化是红山文化瑰丽闪亮的文化特色。红山人不仅磨练了高超的治玉技术，更为玉器注入了信仰的灵魂，从而开创了可以代表中华文脉的玉文化。

不同的民族、不同的文化有着不同的审美和偏爱，古代草原民族喜爱金银，将贵重的金银制作成装身器戴在身上，中原的文明则更钟情于玉。

中华民族治玉历史可以上溯至新石器时代早期，距今约9000年前的黑龙江省饶河县小南山遗址。再越千年，制作玉器和使用玉器的习俗传播到了辽西地区。距今8000年的兴隆洼文化再次将玉器发扬光大。继承了兴隆洼文化传统的红山文化，飞跃式发展了玉器制作工艺，并将更深刻的内涵灌注在玉器之中，融入了红山人的精神世界。红山人将玉器随葬入高等级的积石冢中，以"唯玉为葬"的独特习俗，将玉器的制作、使用形成文化。尚玉不仅仅是习俗，更与"礼"密不可分。王国维考释"礼"字认为，最初的含义为"以玉事神"。红山文化的礼玉制度，以玉器祭祀，以玉器标识等级身份，玉器具备了后世青铜礼器一样的宗法礼制意义，成为等级制度的象征和载体，留传后世。

虽然红山文化没有文字记载他们了不起的开创之举，但后人的文字记录了复杂的礼玉制度。《周礼》记载："以玉作六器，礼天地四方。"说明玉器是重要的祭祀礼器。从考古发现来看，夏商时期玉礼器已经开始繁荣，商代晚期盘庚迁都到殷（今河南省安阳市），其都城郑州商城遗址和安阳殷墟遗址都发现了大量的玉器，著名的殷墟妇好墓出土玉器多达755件，种类繁多，玉质精美。这些玉器多数具备象征意义，具备神性，如玉人、玉龙、玉神鸟等仿生神像，用以祭天的玉璧，或者象征军事权力的玉戚、玉钺等。玉器的造型神秘怪异，充满宗教色彩。与之相较，周代的玉器则更加"循礼"，玉璧、玉琮、玉圭、玉璋、玉璜等礼玉是周代玉器数量最多的种类。仿佛红山人的"唯玉唯葬"，周人也创造出多种专门用来殓葬的玉器，比如盖在死者脸上的玉覆面，各类玉玲、玉握。随着礼制的完善，玉器与等级结合得更加紧密，玉器的礼制功能从沟通天地的宗教性向象征身份的礼制性过渡。战国秦汉时期，礼玉仍旧繁荣。汉代大型墓葬中大多出土玉

【新石器时代】
凌家滩文化／玉璧

【春秋】
玉璧

【新石器时代】
良渚文化／玉璧

【战国】
玉璧

【新石器时代】
陶寺文化／玉璧

【秦】
玉璧

【商】
玉璧

【西汉】
玉璧

【西周】
玉璧

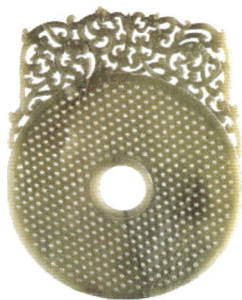

【东汉】
玉璧

【辽】
玉组佩中的玉璧

【西晋】
玛瑙璧

【宋】
水晶璧

【南朝】
玉璧

【宋】
玉璧

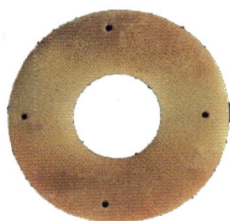

【隋】
玉组佩中的璧

【明】
玉璧

【隋唐】
玉组佩中的璧

【清】
玉璧

[玉璧的传承]

1

2

5

1　商代玉琮
2　商代玉璋
3　殷墟妇好墓出土玉璧
4　西周玉琮
5　汉代玉圭
6　西周玉璜
7　战国玉珩

3

4

6

7

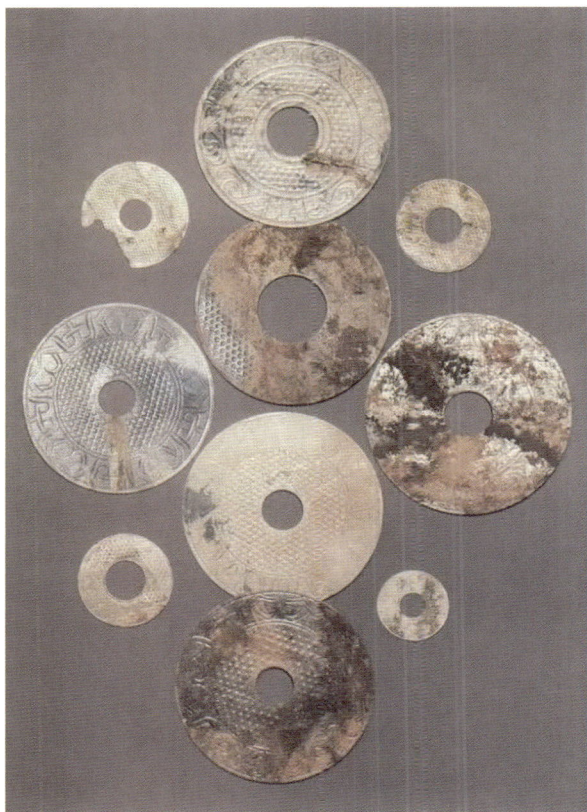

[南越王墓出二玉璧]

璧、玉圭、玉钺等礼玉，如西汉南越王赵眜的墓中，头厢和棺下铺了大量玉璧。此外，汉代殓葬之玉种类繁多、等级分明，最具代表性的是只有皇帝和高级贵族才能使用的玉衣。玉衣又称玉匣，河北保定满城汉墓、河北定县中山王刘畅墓、江苏徐州土山汉墓等诸侯王墓，都以玉衣装殓死者，体现了玉器所代表的阶层等级。

直到唐代，礼玉才逐渐衰落，可玉文化仍旧鼎盛。自新石器时代玉器出现起，除了以玉祭祀天地鬼神、象征身份，精美温润的玉器也被人们做成其他器物。战国秦汉时期玉质莹泽的玉带钩、玉佩、踕躞，古朴精美；唐代形态写实、生机盎然的玉仿生饰件、玉带饰、玉簪花，踵事增华；宋元时期风格雅致、崇尚自然的玉容器、玉饰件，异彩纷呈；明清时期的玉器更加雕工入化，名家辈出。玉器融入人们生活的方方面面，日常器具、衣服首饰、文房四宝、珍玩摆件、宗教用品，都可以做成造型别致、美轮美奂的玉器。直到今天，玉器仍旧长盛不衰。

玉器体现了人们对美的追求，中国人不仅爱玉之美形，更爱玉温润的品格。古人认为玉有五德，分别是仁、义、智、勇、洁，蕴藏了中华民族的传统美德。因此，古人也常常以玉自比，提出"君子比德于玉"，用玉来象征谦谦君子。"玉可碎而不能改其白""宁为玉碎"便是古代士大夫对自我品行的砥砺。直到今天，玉仍然传承着中华民族谦虚、坚韧、高洁、不屈的优良传统。

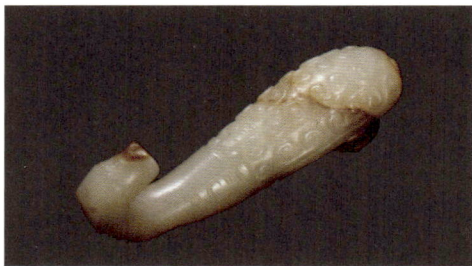

[战国玉带钩]

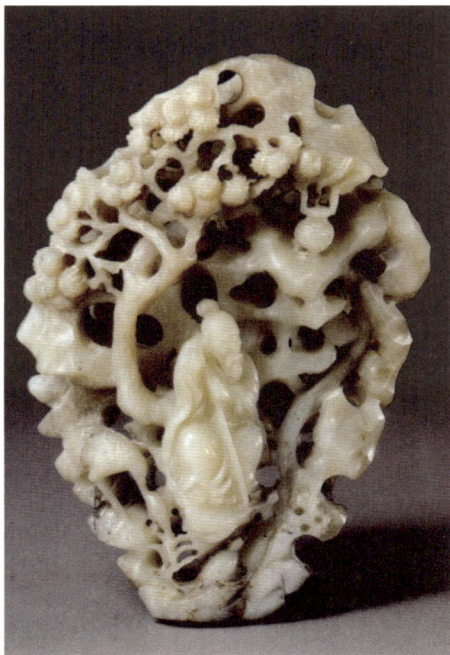

[唐代玉带饰]

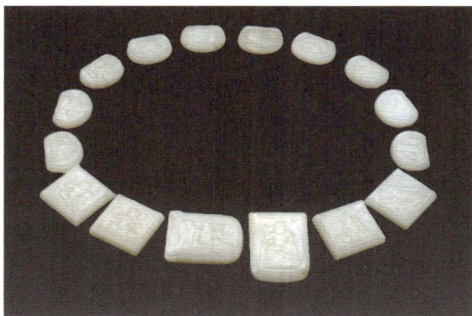

[宋代玉人物山子]

"我们是龙的传人"——凝心聚力的龙文化

辽宁是龙的故乡。龙的形象最早出现在距今8000年的辽宁阜新查海遗址，遗址中央巨大的龙形堆石，蜿蜒巨大、爪目贲张的姿态与后世的龙并无不同。继承了兴隆洼文化的红山文化，也继承了前人对龙的崇拜，并将龙文化发扬光大。

红山文化的遗址中俯首可见龙的形象。1971年，内蒙古翁牛特旗三星他拉遗址采集到一件大型玉龙，通体墨绿色，高26厘米，整体呈 C 形，颈背部有鬣鬣。这是目前发现的年代最早的玉龙，不但是红山文化的象征，也被现代人设计成不同的标识，成为中华传统文化的象征符号。此外，在红山文化的高等级墓葬中比较常见的玉猪龙，也

[辽宁阜新查海遗址出土龙麟纹陶片]

[红山文化玉猪龙]

[垂鳞纹筒形器]

以龙形象为题材，整体似玦；2022年，内蒙古彩陶坡遗址出土了一件做工精细、形象生动的蚌龙，体态舒展，有别于"C"形龙和玉猪龙，与后世的龙更接近。红山文化全面发展了龙文化，从此，龙元素成为中华文化的重要组成部分，龙纹成为各个时期装饰题材中不可或缺的部分，几千年来，每一个时光的片段，都能看到龙的身影。

[红山文化"C"形龙]

[彩陶坡遗址出土龙形蚌饰]

彩陶坡遗址

彩陶坡遗址位于内蒙古自治区赤峰市松山区安庆镇北的一个缓坡上，是一处典型的红山文化小型遗址，年代距今6400年左右。2022年开始发掘，发现房址、灰坑等遗迹。其中第18号房址出土了一件制作精良、造型生动的龙形蚌饰。

与红山文化年代相近的安徽凌家滩文化也出土过玉质的蜷体龙，通体呈环形，颈背部有鬃鬣，造像比红山文化的玉猪龙更写实。中原地区最早的龙出现在河南濮阳西水坡仰韶文化遗址，遗址中发现了由蚌壳垒成的青龙、白虎，龙的身体蜿蜒起伏，四爪分明，与后世的腾龙相差无几。时代较晚的山西陶寺遗址出土的龙纹彩陶盘，龙的身体越发修长。进入青铜时代，龙则与神秘的青铜礼器结下不解之缘。龙纹是商周时期青铜器的主题装饰纹饰，后母戊鼎等大型青铜礼器上常见龙纹；东周时期，龙纹发展成为各种器物的装饰纹饰，龙纹玉器尤其多见，各种材质的带钩也常以龙作为装饰，说明龙已不仅仅代表礼制，富有神性，而是走入了人们的日常生活，反映了人们的审美情趣。汉代起，龙的形象基本固定，有着龙角、龙牙、龙鳍、龙尾和四爪，之后2000余年，只有些许风格的变化。从此，衣服装饰、建筑壁画、日用器物、随葬明器，都可见龙纹装饰，无处不在地体现着不同时期人们对龙的喜爱。

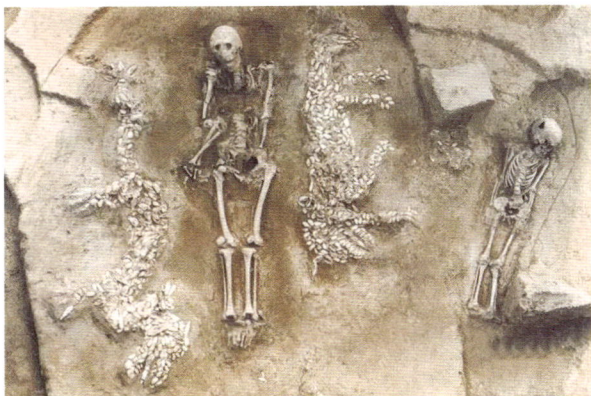

[河南濮阳西水坡遗址新石器时代龙形蚌塑]

在中国，龙具有极强的象征意义。长达2000多年的君主专制时期，很多朝代的帝王以"龙"自比，称为"真龙天子"，称其发迹的地方为"龙兴之地"，比如1800年前，鲜卑慕容氏在今辽宁省朝阳市建立的政权前燕，为其新修建的都城取名为"龙城"。"龙"甚至被帝王"独占"，成为象征身份等级的符号，不允许

[陶寺遗址出土蟠龙纹陶盘]

[后母戊鼎及纹饰]

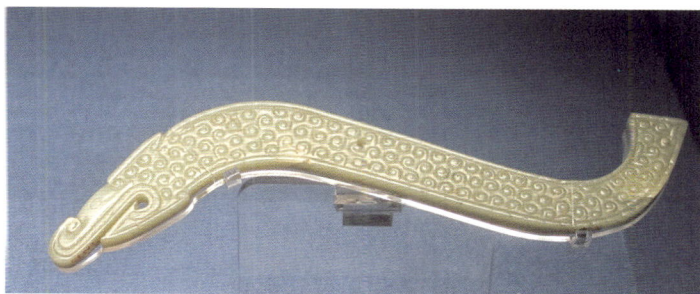

1　战国青玉谷纹龙形佩
2　河南永城柿园梁王墓壁画上的龙
3　陕西何家村唐代银碗上的龙纹
4　辽宁凌源马家沟辽墓出二龙纹铜镜
5　沈阳故宫博物院藏明万历青花龙纹罐
6　沈阳故宫博物院藏清光绪青花龙纹盘

其他人使用，否则便是"僭越"。于是，我们今天看到很多明清时期的器具、建筑，虽然也常用龙纹装饰，但是普通人用的龙只能有三爪、四爪，五爪龙为帝王专用。

龙是中华民族的象征，古老而神秘的龙凝聚了我们的民族精神。龙的文化意识根植在中国人的血脉里，龙文化是中国人的文化认同，中国人被称为"龙的传人"，这个看似简单的称谓，却能得到全民族的认可。传承至今，中国仍旧有许多与龙相关的民间传统文化，如赛龙舟、舞龙等。龙文化的基因在中华民族的血脉中流传，增强了我们的民族认同感与文化自信，让我们凝心聚力、砥砺前行。

"礼仪之邦"——传承千年的礼仪制度

中国素有"礼仪之邦"的美称。"礼仪"不仅是人们日常交往中的礼貌和人类社会和谐的规范，更是我国古代重要的制度，《周礼》《礼记》《仪礼》等文献中记载了维持社会秩序的各种礼仪。古代的统治者通过礼仪制度维系政权的合法性，社会各个阶层因礼制的限制而保持稳定，中国传统文化吸取传统礼仪的精华并将之弘扬。追溯礼仪制度的渊源，其初便在遥远的新石器时代。

红山人修建的大型礼仪建筑祭坛、"女神庙"、积石冢，以及"唯玉为葬"的礼玉文化都昭示着从遥远的新石器时代起，礼仪制度的雏形便已形成并发展。正是礼制的初现，犹如东方曙光，照亮了中华文明的黎明，著名考古学家苏秉琦将之誉为"红山文化坛庙冢，中华文明一象征"。考古工作者通过抽丝剥茧地细致发掘和小心求证，证实了牛河梁遗址中有《周礼》中记载的"燎祭"和"祼礼"的现象，可见红山文化的礼制已然趋近成熟。后世5000年将红山文化祭祀天地、祖先的礼仪不断传承，并使之日趋完备。

红山文化的牛河梁、东山嘴等遗址都发现了祭坛。从保存较好的牛河梁遗址第二地点的中心祭坛来看，红山文化祭坛的形制与后世祭天的圜丘几乎相同，都是俯瞰呈三重同心圆状、拾阶而起的坛。古代圜丘为祭天的礼仪场所，筑圆形的高丘以为坛，于此圆形的高丘上祀天即所谓的"圜丘祀天"。"圜丘祀天"的记载最早见于《周礼·大司乐》，"凡乐……《云门》之舞，冬日至，于地上之圜丘奏之"。贾公彦疏"言圜丘者，案《尔雅》土之高者曰丘，取自然之丘；圜者象天圜"。意思是，圜象征天圆，丘意为高的土丘，在圜丘之上进行奏乐等祀天活动。红山文化的堆石祭坛显然符合《周礼》对圜丘的描述。从考古发现来看，后世各个时代有文献记载的圜丘，也与红山文化的堆石祭坛形制相似，充分证明了早于《周礼》成书时代数千年的红山文化是中国礼制的源头之一。安徽霍山戴家院遗址发现了西周时期的祭坛，虽然未分台阶，但也呈圆形高台状。秦汉时期的陕西凤翔血池遗址、北魏的内蒙古武川坝顶遗址，形制与之接

[安徽霍山戴家院遗址祭坛（西周）]

[陕西凤翔血池遗址（秦汉）]

[内蒙古武川坝顶遗址（北魏）]

[北京祈年殿（明清）]

[西安圜丘遗址（唐）]

第十一章
从未中断的红山文化

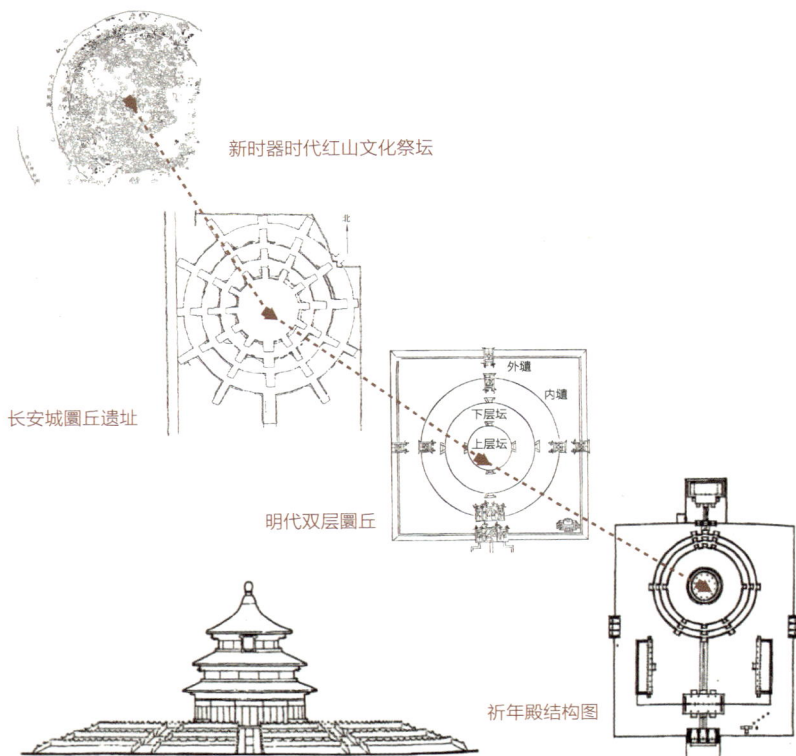

新时器时代红山文化祭坛

长安城圜丘遗址

明代双层圜丘

祈年殿结构图

[祭坛的传承]

近，并有分层的台基。陕西省西安市的唐代圜丘遗址为四级同心圆台基状圆坛，坛按照四方方位，有8条台阶。北京天坛的祈年殿是明清两代的祀天礼制建筑，殿下的台基正是三级同心圆圆坛。通过天坛我们可以复原古代不同时期的圜丘祭坛。

红山文化的庙目前只发现了一座，即牛河梁遗址第一地点的"女神庙"。从"女神庙"所处的高远位置，残存的半地穴式建筑遗址，遗址中的彩绘墙面和不可计数的人物、动物泥塑残块，我们可以遥想"女神庙"昔日的辉煌。那么，这样一处倾颓的遗址，考古工作者们是如何将之定义为"庙"的呢？按照后世文献的记载，汉代《尔雅·释宫》有"室有东西厢曰庙"的解释，先秦的文献也记载过"天子七庙"制度。"女神庙"的建筑东西有室，可分为七个部分，再结合建筑遗址中出土的大量人物泥塑，故而学者们认为"女神庙"是红山人祭祀祖先的"庙"。

古代的庙是供奉祭祀祖先的建筑，历朝历代传承不绝。比如周原凤雏甲组建筑被学者们认为是周代宗庙。东周时期郑韩故城宫殿区、秦雍城、晋都新田等遗址都发现了宗庙遗迹。进入春秋时期，庙不仅仅用来祭祀祖先和鬼神。《礼记·祀法》载："夫圣王之制祀也，法施于民则祀之，以死勤事则祀之，以劳定国则祀之，能御大灾则祀之，能捍大患则祀之。"庙也用来祭祀先贤圣哲，如孔庙、二子庙等。魏晋南北朝之后，庙也用来祭祀四方神明、忠臣义士。祠庙文化在全国各地蓬勃发展，正如明代《万历琼州府志》记载："邦国之有祀事，重矣。故郡邑首列常祀，而先正先贤或以劳定国，以死勤事，以法施于民者，祀亦次之。"

以牛河梁遗址为代表，红山文化还开创了"北庙南坛"的建筑规划布局之先河。牛河梁遗址群目前发现的67个地点遍布各个山梁之间，其中，坐落在主梁之上，包含"女神庙"在内的大型台基群牛河梁遗址第一地点，与规模最大的祭坛、积石冢群牛河梁第二地点，呈正南北分布，北侧是"庙"，南侧是"坛"，正符合后世都城布局"宗庙在北、圜丘在南"的布局原则。"坛""庙""冢"有机组合的表现形式，以及其背后所反映的复杂内容，为红山文化之后的历代王国、王朝所继承，直到明清，形成北京天坛、太庙和皇陵的组合，并固定为皇家祭祀传统。另外，牛河梁第一地点的台基呈中轴对称，依南北"中轴线"建筑布局，开启了我国后世祭祀礼仪建筑中心对称的布局风格，成为后世建筑布局的先声。以北京城中轴线为代表，中轴线的建筑布局理念一直延续到今天。

红山文化开创的祭祀礼仪规范化、制度化，代代相传，从未中断，最终成为中华民族共同的精神信仰。所以苏秉琦称红山文化为中华文化的"直根系"，是中华五千年文明的具体表现。红山人开放包容、守正创新，将中华文明的诸多传统传承至今。

千年之后再无红山之人，千年之后红山文化生生不息。

中轴线

早在先秦时期，就已形成以南北向轴线统领的营城制度。考古发现证实，曹魏邺城和北魏洛阳城遗址均已于城市的核心区域形成具有极强礼仪性的中轴线规划格局。随着国家都城规模的不断扩展、功能日益丰富，隋大兴城、唐长安城、元大都等城市中轴线布局逐渐演变完善。北京中轴线全长 7.8 公里，中轴线北端为钟鼓楼，太庙和社稷坛、天坛和先农坛分列中轴线东西两侧。北京中轴线是中国传统都城中轴线发展至成熟阶段的典范之作，2024年7月，"北京中轴线——中国理想都城秩序的杰作"被列入世界文化遗产名录。

谜题

第十二章

红山人的未解之谜

在没有文字记录历史的新石器时代，人们活动遗留下的痕迹是他们在这个世界上最重要的证明。以古人活动遗留下的遗存来解读、复原人类历史的考古学是我们探究古代人类和社会的有效途径。可是，经过千万年的变迁，古人遗留的痕迹有的模糊漫漶，有的湮灭无存，那些构成古代人类与社会图景的拼图并不完整，斑驳的历史画卷上总有残缺。所以，我们复原的红山人和他们的生活只是他们1500年日常中的一部分，在尘封中消逝的未解之谜还有哪些？

这是红山人治玉的师承？

红山人的前人兴隆洼人已能熟练地制作玉器，兴隆洼文化的玉器一度将中国玉器的起源指向了辽西地区。红山文化玉器的一部分制作工艺也承袭自兴隆洼文化。2015年，随着黑龙江小南山遗址的大规模发掘，我们对早期玉器有了新的认识。

[　远眺小南山遗址　]

小南山遗址位于黑龙江省饶河县乌苏里江岸边，遗址包含多个时期的遗存，出土玉器最多的墓地年代距今9000年左右，从随葬石矛、石镞来看，这一时期居民以渔猎采集为生。小南山遗址出土了120余件玉器，多为玦、环、管、珠、簪等简单的装饰品，也有玉斧等生产工具。制作工艺方面，小南山人可以纯熟地使用线切割分割玉器。小南山玉器是目前我国考古发现中年代最早的玉器，将中国的玉文化提早了1000年。

小南山文化出现玉器之后，东北地区早期玉器打开了格局，多处遗址出现小型的玉器。兴隆洼文化玉器与小南山遗址的玉器有很多相似之处，同样都有玉环、玉玦、玉匕、玉管等器物，形制也相似，并且他们都采用了用砂绳切割玉器的方法。红山文化继承了兴隆洼文化的诸多传统，红山文化的玉器制作传统和工艺是否发源于小南山文化？

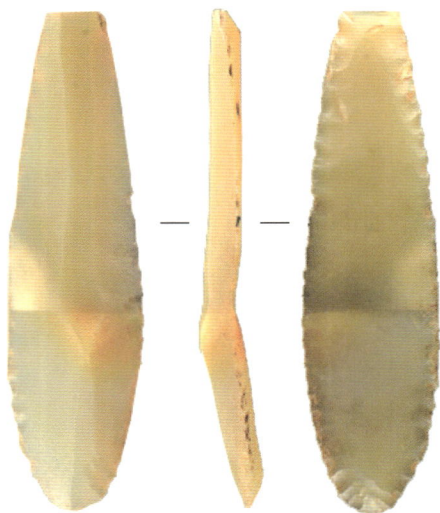

1

2

3

4

1　小南山遗址出土石镞
2　小南山遗址出土玉器
3　小南山遗址出土玉玦
4　小南山遗址出土玉环

小南山文化玉器的年代早于兴隆洼文化，说明中国最早的玉器存在一条由北向南传播的路线，可能是黑龙江流域影响了辽西地区。然而，从黑龙江流域的三江平原到辽西地区，广袤的地区只有零星遗址发现了玉器，这条玉器传播之路并不完整，有待新的考古发现来填补诠释。

他们是不是一家人？

2010年、2011年，考古工作者发掘了位于内蒙古科尔沁左翼中旗舍伯吐镇东南约15公里哈民忙哈遗址，遗址累计发掘面积4000余平方米，是我国北纬43°以北发掘的面积最大的史前聚落遗址。哈民忙哈遗址出土的陶器和玉器与红山文化有很多相似之处，一些学者将哈民忙哈遗址归属于红山文化。曾经生活在哈民忙哈遗址的人，是不是红山人呢？

[哈民忙哈遗址发掘区全景]

考古工作者对哈民忙哈遗址的发掘，只是其北部的一部分。从发掘的部分来看，哈民忙哈聚落的房子沿着东北—西南方向成排分布，房子为半地穴式建筑，平面呈圆角方形，门道在东南方，灶一般在房子正中。聚落占据河道之险，外围有壕沟环绕。哈民忙哈遗址的陶器多数为砂质陶，一部分为夹砂陶和泥质陶，常见的陶器有筒形罐、斜口器、钵、双耳壶、盆、三足罐

[　哈民忙哈遗址出土麻点纹筒形罐　]　　　　　[　哈民忙哈遗址出土陶壶　]

等，最有特色的纹饰是麻点纹，还有方格纹和东北地区最常见的"之"字纹。常见的工具有石磨盘、石耜、石杵、石斧、石凿等。与红山文化有相似之处，也有不同之处。哈民忙哈遗址出土了54件玉器，种类有璧、双联璧、勾云形器、匕、璜、斧、钺等。初看起来与红山文化的玉器十分相似，但仔细观察、深入研究，二者还是有很多差异。哈民忙哈遗址没有动物题材的玉器，在某些制作工艺上二者也有不同，比如哈民忙哈的玉璧内外缘都会打磨成刃边形，大孔径的玉器钻孔时采用先钻孔定位，再扩孔剔挖，这种方法别具一格，不同于红山文化。

从居民的样貌来看，哈民忙哈遗址的先民属于古东亚类型，即今天的北亚蒙古人种，与红山人一样。饮食结构方面，哈民忙哈人的人骨稳定同位素 $\delta^{13}C$ 值广泛分布在 -9‰ --14‰，平均值为 -11‰，与马鞍桥山遗址几乎一致，$\delta^{15}N$ 平均值为9‰ ± 0.5‰，与红山人也很接近。哈民忙哈人的食物主要有粟、黍、野生动物，结合他们的生产工具，他们的生业模式也是农业和采集狩猎相结合。

哈民忙哈遗址最特别之处当数房屋中的大量人骨堆积。发现人骨最多的是位于发掘区东北角的第40号房址，外表看上去与其他房址并无区别，面积只有18平方米，却在居住面上层叠压了97具人骨，有男有女，有成年人也有未成年人，姿势各异，为非正常死亡。这种怪异的现象出现的原因尚不明确。

哈民忙哈遗址的文化面貌独特，与周边其他考古学文化均有不同，发掘者将之命名为"哈民忙哈文化"。在大的历史背景下，哈民忙哈文化和红山文化不乏交往，但是从他们各具特色的文化面貌来看，他们也许并非同一群人。

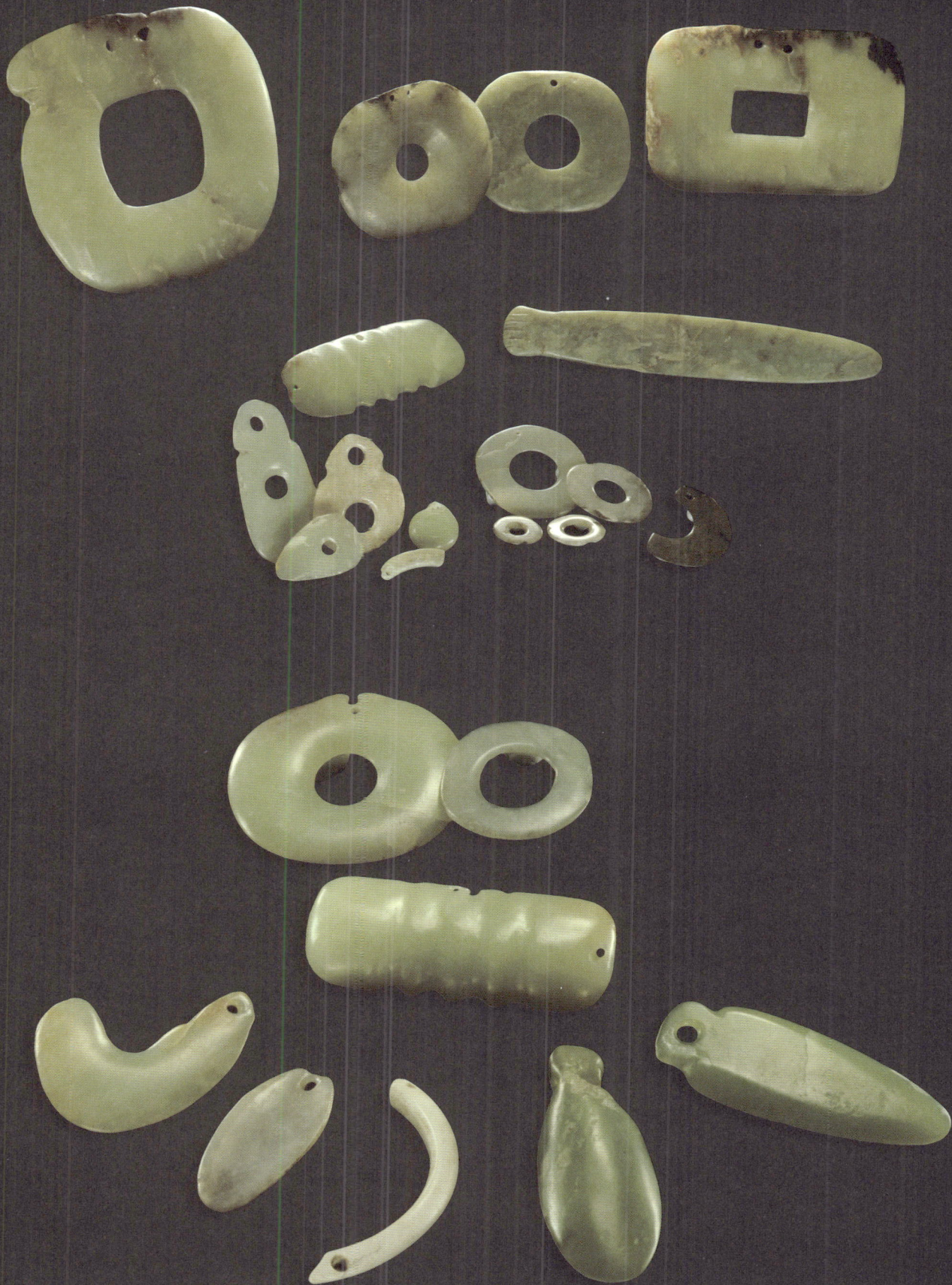

[哈民忙哈遗址出土玉器]

[哈民忙哈遗址第 40 号房址   ]

这是巧合吗?

红山文化的农业生产已具有一定规模,农业依赖于精确的天文历法。牛河梁遗址第二地点的三重同心圆祭坛各个圈的直径,与春分、夏至、秋分、冬至四个节气太阳运行轨迹相近,符合古人认为的太阳运行极限点所画成的三个圈。

红山人又是如何精确设计祭坛的三个同心圆的呢? 这需要一定的数学理念。经考古发掘,牛河梁遗址保存较好的两座祭坛分别是第二地点和第五地点的中心祭坛。第二地点祭坛是由三层石界桩围成的分层圆坛,从每一层的石界桩外侧丈量,外圈、中圈、内圈的直径分别是22米、15.6米、11米,外圈直径：中圈直径：内圈直径=22：15.6：11≈1：$\sqrt{2}$：2,因此,外圈面积是中圈的2倍,中圈面积是内圈的2倍。《周髀算经》中有"圆出于方,方出于矩"的记载,推测红山人也是用这种方式计算祭坛的尺寸。通过数学方式,"内切与外接""外切与内接"的圆与正方形关系,可以精确绘制出这样的同心圆。第一步,

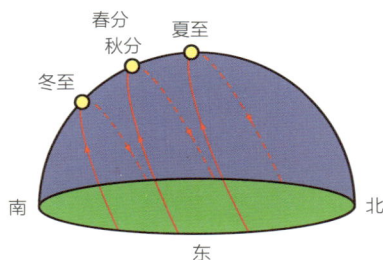

[二分二至太阳运行轨迹   ]

三环

三环是中国古代宇宙观中重要的概念,《周髀算经》中有"七衡六间"图,又可称为"三环图"。"七衡"表示回归年中十二个中气的太阳周日视运动轨迹,其中内衡、中衡、外衡三环是最重的——夏至日在内衡上,春分、秋分在中衡上,冬至在外衡上。

[牛河梁遗址第二地点三重同心圆祭坛]

以坛体中心 O 点为圆心，以5.5米为半径作圆，即为内圈；第二步，经内圈圆心做垂直相交的直线，分别与内圈圆相交于 A、B、C、D 四点；第三步，在四点分别做 AB、CD 的垂线，相交于四点，得到正方形 EFGH；第四步，以 O 为圆心，OE 为半径做圆，即为中圈。之后，以同样的方法做出外圈。

精确的数据，是巧合，还是红山人已经掌握了数学原理，并将之应用到建筑中？

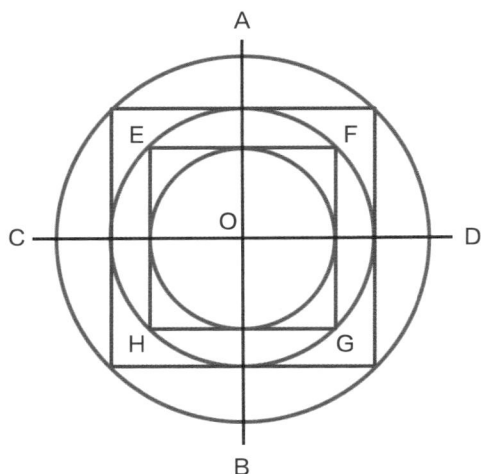

[牛河梁遗址第二地点祭坛营建方法猜想图]

红山人的城市在哪里？

论及文明起源，国外一部分学者以金属器的制作、文字、城市为文明起源的主要标志。中华文明起源有着独特的认定标准，反映礼制的遗存更能代表中华文明。城邑便是反映礼制的重要物质载体。所以，无论在何种认定标准下，城市都是文明的重要表现。比如被称为"中华第一城"的良渚古城，规模庞大，面积相当于9个故宫大小，以宫城为中心，形成了宫城、内城、外郭的中国古代都城的三重布局，结构分明、功能清晰，呈现了成熟的城市格局，代表了良渚文化的文明高度。

同样作为中华文明起源的重要里程碑，红山文化迄今为止尚未发现城市遗址。考古工作者们发现了众多红山文化遗址，其中不乏魏家窝铺遗址、白音长汗遗址、兴隆沟遗址等大型聚落遗址。可是，这些遗址的规模和营建结构皆未达到城市的标准。

红山文化已经进入了古国时代第一阶段，文明程度很高。红山人有一定规模的农业生产、高超的手工业技术，出现了社会分化。牛河梁遗址大型祭坛、"女神庙"、积石冢的发现，说明红山人的社会具备相对成熟的礼制。牛河梁遗址连绵50平方公里，密布数十个遗址。营建、使用这样庞大的礼制遗址群，绝非目前考古发现的聚落能容纳的人员数量所能匹配。如果牛河梁遗址是红山古国的礼仪中心，那么，与它相对应的，将是一个大型的都邑。然而，这个都邑仍旧静静地湮埋在尘封的历史之下，不为人知。

红山人有许多未解之谜，我们对他们的认识还远远不够。考古学仍在发展，红山人的故事也仍在继续。随着未来考古工作的进一步开展，红山人的谜题也会逐一解开，也许在明天，也许在相对久远的未来，正等着你来亲自揭秘。

后记

　　本书的撰写依托于辽宁考古博物馆"东方既白——我们是生生不息的红山人"展览的学术成果，展陈文本由辽宁省文物考古研究院的李霞、王宇、徐沂蒙撰写。

　　本书由辽宁省文物考古研究院编著，其中第二章由刘铭、王宇执笔，第三、四、五、九章由李霞执笔，其余章由王宇执笔。

　　辽宁省文物考古研究院与吉林大学生物考古实验室合作，为展览和本书做了红山人相貌复原。书中部分图片为首次公开发表的高清文物细节图，由辽宁省文物考古研究院图旭刚、杜津伏及吉林良图文化遗产保护公司拍摄。部分遗存照片由内蒙古自治区文物考古研究院、安徽省文物考古研究所、良渚博物院等单位提供，中国社会科学院考古研究所贾笑冰和辽宁省文物考古研究院的樊圣英、郭明、于怀石、王贺等也为本书提供了精美的图片。书中部分插图为"东方既白——我们是生生不息的红山人"展览的图版，由辽宁省文物考古研究院的王宇、李霞、刘铭及友邦筑美文化建设（辽宁）有限公司设计、绘制。